A Guide to Business Success: How to Make Your Business Thrive

व्यवसाय की सफलता के लिए मार्गदर्शिका: अपने व्यवसाय को कैसे समृद्ध बनाएं

Vijay Mahar

Copyright © [2023]

Title: A Guide to Business Success: How to Make Your Business Thrive
Author's: **Vijay Mahar**

All rights reserved. No part of this publication may be reproduced, stored in a retrieval system, or transmitted in any form or by any means, electronic, mechanical, photocopying, recording, or otherwise, without the prior written permission of the publisher or author, except in the case of brief quotations embodied in critical reviews and certain other non-commercial uses permitted by copyright law.

This book was printed and published by [Publisher's: **Vijay Mahar**] in [2023]

ISBN:

TABLE OF CONTENT

Chapter 1: Introduction   05

- What is business success?
- Why is business success important?
- What are the key factors that contribute to business success?
- How to use this guide to achieve business success

Chapter 2: Building a Solid Foundation   17

- Developing a strong business plan
- Conducting market research
- Choosing the right business structure
- Securing funding
- Building a team

Chapter 3: Marketing and Sales   32

- Developing a marketing strategy
- Creating a strong brand identity
- Reaching your target audience
- Generating leads
- Closing sales

Chapter 4: Operations and Customer Service — 47

- Creating and delivering high-quality products or services
- Managing your supply chain
- Providing excellent customer service
- Managing your finances

Chapter 5: Growth and Innovation — 59

- Scaling your business
- Expanding into new markets
- Developing new products or services
- Staying ahead of the competition

Conclusion — 71

- Key takeaways
- Resources for further learning

Chapter 1: Introduction

Chapter 1: प्रस्तावना

व्यवसाय की सफलता क्या है?

व्यवसाय की सफलता एक ऐसा लक्ष्य है जिसे हर व्यवसायी प्राप्त करना चाहता है। लेकिन व्यवसाय की सफलता वास्तव में क्या है? यह एक ऐसा प्रश्न है जिसका उत्तर हर व्यवसायी के लिए अलग-अलग हो सकता है। हालांकि, कुछ ऐसे सामान्य कारक हैं जिन्हें व्यवसाय की सफलता का मापदंड माना जा सकता है।

व्यवसाय की सफलता के कुछ सामान्य मापदंड

- मुनाफा: व्यवसाय की सफलता का सबसे महत्वपूर्ण मापदंड मुनाफा है। कोई भी व्यवसाय बिना मुनाफे के लंबे समय तक नहीं चल सकता। इसलिए, मुनाफा कमाना व्यवसाय की सफलता के लिए आवश्यक है।
- बाजार हिस्सेदारी: बाजार हिस्सेदारी किसी व्यवसाय के बाजार में कुल बिक्री का प्रतिशत है। एक व्यवसाय की बाजार हिस्सेदारी जितनी अधिक होगी, वह उतना ही सफल माना जाएगा।
- ब्रांड वैल्यू: ब्रांड वैल्यू किसी व्यवसाय के ब्रांड के मूल्य का माप है। एक मजबूत ब्रांड वैल्यू वाला व्यवसाय अधिक प्रतिस्पर्धी होता है और ग्राहकों का विश्वास अधिक आसानी से जीत सकता है।
- ग्राहक संतुष्टि: ग्राहक संतुष्टि किसी व्यवसाय के अपने ग्राहकों को संतुष्ट करने की क्षमता का माप है। एक व्यवसाय जिसके ग्राहक संतुष्ट हैं, वह अधिक सफल माना जाएगा।
- समाज पर सकारात्मक प्रभाव: एक सफल व्यवसाय न केवल अपने मालिकों और शेयरधारकों के लिए लाभदायक होता

है, बल्कि वह समाज पर भी सकारात्मक प्रभाव डालता है। उदाहरण के लिए, एक सफल व्यवसाय नए रोजगार पैदा कर सकता है, करों का भुगतान कर सकता है और सामाजिक कल्याण के लिए योगदान दे सकता है।

व्यवसाय को सफल बनाने के लिए क्या करें?

व्यवसाय को सफल बनाने के लिए कोई एक निश्चित नियम नहीं है। हालांकि, कुछ ऐसे सामान्य सिद्धांत हैं जिनका पालन करके व्यवसाय की सफलता की संभावनाओं को बढ़ाया जा सकता है।

- एक अच्छे व्यावसायिक विचार के साथ शुरुआत करें: किसी भी व्यवसाय को शुरू करने से पहले यह सुनिश्चित कर लें कि आपके पास एक अच्छा व्यावसायिक विचार है। एक अच्छा व्यावसायिक विचार वह है जो ऐसी समस्या का समाधान या ऐसी जरूरत को पूरा करता है जिसके लिए लोगों के पास भुगतान करने की इच्छा है।

- अपने लक्षित बाजार को समझें: एक बार जब आपके पास एक अच्छा व्यावसायिक विचार हो, तो अपने लक्षित बाजार को समझना महत्वपूर्ण है। अपने लक्षित बाजार को समझकर आप अपनी मार्केटिंग और बिक्री रणनीतियों को अधिक प्रभावी ढंग से तैयार कर सकते हैं।

- एक अच्छी व्यावसायिक योजना बनाएं: एक व्यावसायिक योजना एक दस्तावेज है जो आपके व्यवसाय के लक्ष्यों और उन्हें प्राप्त करने के लिए आपकी रणनीतियों को रेखांकित करता है। एक अच्छी व्यावसायिक योजना होने से आपको अपने व्यवसाय को सफलतापूर्वक चलाने में मदद मिलेगी।

- एक मजबूत टीम बनाएं: कोई भी व्यवसाय अकेले सफल नहीं हो सकता। इसलिए, एक मजबूत टीम बनाना जरूरी है। अपनी टीम

में ऐसे लोगों को शामिल करें जो आपके व्यवसाय के लिए आवश्यक कौशल और अनुभव रखते हैं।

- अपने ग्राहकों को समझें और उनकी जरूरतों को पूरा करें: अपने ग्राहकों को समझना और उनकी जरूरतों को पूरा करना व्यवसाय की सफलता का एक महत्वपूर्ण कारक है। अपने ग्राहकों को सुनें और उनकी प्रतिक्रिया के आधार पर अपने उत्पादों और सेवाओं में सुधार करें।

- बाजार में बदलाव के अनुकूल बनें: बाजार लगातार बदल रहा है। इसलिए, व्यवसाय को सफल बनाए रखने के लिए बाजार में बदलाव के अनुकूल होना जरूरी है। अपने उत्पादों और सेवाओं को बाजार की बदलती जरूरतों के अनुरूप बनाते रहें।

- निरंतर नवाचार करें: नवाचार व्यवसाय की सफलता के लिए एक और महत्वपूर्ण कारक है। अपने व्यव

व्यवसाय की सफलता क्यों महत्वपूर्ण है?

व्यवसाय की सफलता किसी भी अर्थव्यवस्था के विकास के लिए आवश्यक है। सफल व्यवसाय रोजगार पैदा करते हैं, करों का भुगतान करते हैं और सामाजिक कल्याण में योगदान देते हैं। इसके अलावा, सफल व्यवसाय लोगों को अपने सपनों को पूरा करने और एक बेहतर जीवन जीने का अवसर प्रदान करते हैं।

व्यवसाय की सफलता के कुछ प्रमुख लाभ

- रोजगार सृजन: सफल व्यवसाय नए रोजगार पैदा करते हैं। जब कोई व्यवसाय सफल होता है, तो वह अधिक लोगों को काम पर रखता है। यह बेरोजगारी दर को कम करने और लोगों को एक बेहतर जीवन जीने का अवसर प्रदान करने में मदद करता है।

- कर भुगतान: सफल व्यवसाय करों का भुगतान करते हैं। ये कर सरकार को सार्वजनिक सेवाएं प्रदान करने और देश के विकास में निवेश करने में मदद करते हैं। सफल व्यवसाय जितने अधिक करों का भुगतान करते हैं, सरकार उतनी ही बेहतर सेवाएं प्रदान कर पाती है।

- सामाजिक कल्याण में योगदान: सफल व्यवसाय सामाजिक कल्याण में भी योगदान देते हैं। कई सफल व्यवसाय चैरिटी और सामाजिक संगठनों को दान देते हैं। वे अपने कर्मचारियों को सामुदायिक सेवा गतिविधियों में भाग लेने के लिए प्रोत्साहित भी कर सकते हैं। सफल व्यवसाय समाज को एक बेहतर जगह बनाने में मदद करते हैं।

- व्यक्तिगत सफलता: सफल व्यवसाय लोगों को अपने सपनों को पूरा करने और एक बेहतर जीवन जीने का अवसर प्रदान करते हैं। जब कोई व्यक्ति अपना खुद का व्यवसाय शुरू करता है और उसे सफल बनाता है, तो वह अपने जीवन पर नियंत्रण प्राप्त

करता है और अपनी शर्तों पर काम कर सकता है। सफल व्यवसाय लोगों को financial freedom और independence प्राप्त करने में मदद करते हैं।

व्यवसाय की सफलता के लिए क्या करें?

व्यवसाय की सफलता के लिए कोई एक निश्चित नियम नहीं है। हालांकि, कुछ ऐसे सामान्य सिद्धांत हैं जिनका पालन करके व्यवसाय की सफलता की संभावनाओं को बढ़ाया जा सकता है।

- एक अच्छे व्यावसायिक विचार के साथ शुरुआत करें: किसी भी व्यवसाय को शुरू करने से पहले यह सुनिश्चित कर लें कि आपके पास एक अच्छा व्यावसायिक विचार है। एक अच्छा व्यावसायिक विचार वह है जो ऐसी समस्या का समाधान या ऐसी जरूरत को पूरा करता है जिसके लिए लोगों के पास भुगतान करने की इच्छा है।

- अपने लक्षित बाजार को समझें: एक बार जब आपके पास एक अच्छा व्यावसायिक विचार हो, तो अपने लक्षित बाजार को समझना महत्वपूर्ण है। अपने लक्षित बाजार को समझकर आप अपनी मार्केटिंग और बिक्री रणनीतियों को अधिक प्रभावी ढंग से तैयार कर सकते हैं।

- एक अच्छी व्यावसायिक योजना बनाएं: एक व्यावसायिक योजना एक दस्तावेज है जो आपके व्यवसाय के लक्ष्यों और उन्हें प्राप्त करने के लिए आपकी रणनीतियों को रेखांकित करता है। एक अच्छी व्यावसायिक योजना होने से आपको अपने व्यवसाय को सफलतापूर्वक चलाने में मदद मिलेगी।

- एक मजबूत टीम बनाएं: कोई भी व्यवसाय अकेले सफल नहीं हो सकता। इसलिए, एक मजबूत टीम बनाना जरूरी है। अपनी टीम

में ऐसे लोगों को शामिल करें जो आपके व्यवसाय के लिए आवश्यक कौशल और अनुभव रखते हैं।

- अपने ग्राहकों को समझें और उनकी जरूरतों को पूरा करें: अपने ग्राहकों को समझना और उनकी जरूरतों को पूरा करना व्यवसाय की सफलता का एक महत्वपूर्ण कारक है। अपने ग्राहकों को सुनें और उनकी प्रतिक्रिया के आधार पर अपने उत्पादों और सेवाओं में सुधार करें।

- बाजार में बदलाव के अनुकूल बनें: बाजार लगातार बदल रहा है। इसलिए, व्यवसाय को सफल बनाए रखने के लिए बाजार में बदलाव के अनुकूल होना जरूरी है। अपने उत्पादों और सेवाओं को बाजार की

व्यवसाय की सफलता में योगदान देने वाले प्रमुख कारक

व्यवसाय की सफलता एक जटिल विषय है और इसमें कई कारकों का योगदान होता है। हालांकि, कुछ ऐसे प्रमुख कारक हैं जिन्हें व्यवसाय की सफलता के लिए आवश्यक माना जा सकता है। इनमें शामिल हैं:

- एक अच्छा व्यावसायिक विचार: व्यवसाय की सफलता के लिए सबसे महत्वपूर्ण कारकों में से एक है एक अच्छा व्यावसायिक विचार। एक अच्छा व्यावसायिक विचार वह है जो ऐसी समस्या का समाधान या ऐसी जरूरत को पूरा करता है जिसके लिए लोगों के पास भुगतान करने की इच्छा है।

- लक्षित बाजार की अच्छी समझ: व्यवसाय की सफलता के लिए यह भी जरूरी है कि आपके पास अपने लक्षित बाजार की अच्छी समझ हो। अपने लक्षित बाजार को समझकर आप अपनी मार्केटिंग और बिक्री रणनीतियों को अधिक प्रभावी ढंग से तैयार कर सकते हैं।

- एक अच्छी व्यावसायिक योजना: एक व्यावसायिक योजना एक दस्तावेज है जो आपके व्यवसाय के लक्ष्यों और उन्हें प्राप्त करने के लिए आपकी रणनीतियों को रेखांकित करता है। एक अच्छी व्यावसायिक योजना होने से आपको अपने व्यवसाय को सफलतापूर्वक चलाने में मदद मिलेगी।

- एक मजबूत टीम: कोई भी व्यवसाय अकेले सफल नहीं हो सकता। इसलिए, एक मजबूत टीम बनाना जरूरी है। अपनी टीम में ऐसे लोगों को शामिल करें जो आपके व्यवसाय के लिए आवश्यक कौशल और अनुभव रखते हैं।

- प्रभावी मार्केटिंग और बिक्री रणनीति: एक प्रभावी मार्केटिंग और बिक्री रणनीति आपके व्यवसाय के लिए नए ग्राहक लाने और अपनी बिक्री बढ़ाने में मदद करेगी। अपनी मार्केटिंग और बिक्री

रणनीतियों को अपने लक्षित बाजार और अपने उत्पादों या सेवाओं की विशिष्टताओं को ध्यान में रखकर तैयार करें।

- **उत्कृष्ट ग्राहक सेवा:** उत्कृष्ट ग्राहक सेवा आपके व्यवसाय को अपने प्रतिस्पर्धियों से अलग खड़ा करने में मदद करेगी। अपने ग्राहकों को सुनें और उनकी जरूरतों को पूरा करने का प्रयास करें। जब आपके ग्राहक संतुष्ट होंगे, तो वे आपके व्यवसाय को अपने दोस्तों और परिवार को सुझाएंगे, जिससे आपके व्यवसाय की वृद्धि होगी।

- **निरंतर नवाचार:** व्यवसाय की सफलता के लिए निरंतर नवाचार भी जरूरी है। अपने उत्पादों और सेवाओं को लगातार नया करते रहें और बाजार में बदलाव के अनुकूल बनें।

- **मजबूत वित्तीय प्रबंधन:** व्यवसाय की सफलता के लिए मजबूत वित्तीय प्रबंधन भी आवश्यक है। अपने खर्चों को नियंत्रित करें और अपने मुनाफे को बढ़ाने के तरीके खोजें।

व्यवसाय की सफलता में योगदान देने वाले अन्य कारकों में शामिल हैं:

- **ब्रांड वैल्यू:** एक मजबूत ब्रांड वैल्यू वाले व्यवसाय को अपने प्रतिस्पर्धियों की तुलना में अपने उत्पादों और सेवाओं के लिए अधिक कीमत वसूल करने की क्षमता होती है।

- **समाज पर सकारात्मक प्रभाव:** एक व्यवसाय जो समाज पर सकारात्मक प्रभाव डालता है, वह अपने ग्राहकों से अधिक वफादारी प्राप्त कर सकता है।

- **भाग्य:** व्यवसाय की सफलता में भाग्य भी एक भूमिका निभाता है। उदाहरण के लिए, एक व्यवसाय को एक नया बाजार मिल सकता है या उसे एक प्रमुख ग्राहक से एक बड़ा ऑर्डर मिल सकता है।

व्यवसाय की सफलता में योगदान देने वाले कई कारक हैं। हालांकि, ऊपर सूचीबद्ध प्रमुख कारकों पर ध्यान देकर आप अपने व्यवसाय की सफलता की संभावनाओं को बढ़ा सकते हैं।

यहाँ कुछ अतिरिक्त टिप्स दिए गए हैं जो आपके व्यवसाय को सफल बनाने में मदद कर सकते हैं:

- अपने ग्राहकों की सुनें: अपने ग्राहकों से बात करें और उनकी प्रतिक्रिया लें। इससे आपको यह समझने में मदद मिलेगी कि आपके ग्राहक क्या चाहते हैं और आप अपनी सेवाओं को कैसे बेहतर बना सकते हैं।
- अपने कर्मचारियों में निवेश करें: अपने कर्मचारियों को प्रशिक्षित करें और उन्हें विकसित

इस गाइड का उपयोग करके व्यवसाय में सफलता कैसे प्राप्त करें

यह मार्गदर्शिका आपको व्यवसाय में सफलता प्राप्त करने में मदद करने के लिए डिज़ाइन की गई है। इसमें व्यावसायिक सफलता के लिए आवश्यक प्रमुख कारकों और उन्हें प्राप्त करने के लिए रणनीतियों पर चर्चा की गई है।

इस गाइड का उपयोग करने के लिए, कृपया निम्नलिखित चरणों का पालन करें:

1. अपने व्यवसाय के लक्ष्यों को परिभाषित करें: आप अपने व्यवसाय से क्या हासिल करना चाहते हैं? क्या आप बड़े पैमाने पर जाना चाहते हैं, या आप एक छोटा, लाभदायक व्यवसाय चलाना चाहते हैं? अपने व्यवसाय के लक्ष्यों को परिभाषित करने से आपको यह निर्धारित करने में मदद मिलेगी कि आपको सफलता प्राप्त करने के लिए क्या करने की आवश्यकता है।

2. अपना लक्षित बाजार समझें: आपके आदर्श ग्राहक कौन हैं? उनकी जरूरतें और इच्छाएं क्या हैं? अपने लक्षित बाजार को समझकर, आप अपने उत्पादों या सेवाओं को उनके लिए अधिक आकर्षक बना सकते हैं।

3. एक अच्छी व्यावसायिक योजना बनाएं: आपका व्यवसाय योजना आपके व्यवसाय के लिए एक रोडमैप के रूप में कार्य करेगी। इसमें आपके व्यवसाय के लक्ष्यों, रणनीतियों और वित्तीय प्रोजेक्शन शामिल होने चाहिए।

4. एक मजबूत टीम बनाएं: कोई भी व्यवसाय अकेले सफल नहीं हो सकता। आपको अपने व्यवसाय के लिए सही लोगों को खोजने और उन्हें काम पर रखने की आवश्यकता है। आपकी टीम के सदस्यों के पास आपके व्यवसाय को सफल बनाने के लिए आवश्यक कौशल और अनुभव होना चाहिए।

5. अपने उत्पादों या सेवाओं का विपणन और बिक्री करें: एक बार जब आपके पास एक अच्छा उत्पाद या सेवा हो, तो आपको इसे अपने लक्षित बाजार तक पहुंचाना होगा। ऐसा करने के लिए, आपको एक प्रभावी मार्केटिंग और बिक्री रणनीति विकसित करनी होगी।

6. अपने ग्राहकों को उत्कृष्ट सेवा प्रदान करें: आपके ग्राहकों को संतुष्ट रखना आपके व्यवसाय की सफलता के लिए आवश्यक है। उन्हें वह दें जो वे चाहते हैं और उनकी जरूरतों को पूरा करें।

7. निरंतर नवाचार करें: आज के तेजी से बदलते बाजार में, सफल होने के लिए आपको निरंतर नवाचार करना चाहिए। अपने उत्पादों, सेवाओं और व्यावसायिक मॉडल को लगातार अपडेट करते रहें।

8. अपने वित्तों को प्रबंधित करें: व्यवसाय की सफलता के लिए मजबूत वित्तीय प्रबंधन आवश्यक है। अपनी आय और व्यय का ट्रैक रखें और सुनिश्चित करें कि आप लाभ कमा रहे हैं।

इस मार्गदर्शिका में चर्चा की गई रणनीतियों को लागू करके, आप अपने व्यवसाय की सफलता की संभावनाओं को बढ़ा सकते हैं। हालांकि, यह ध्यान रखना महत्वपूर्ण है कि व्यवसाय में सफलता कोई आसान काम नहीं है। यह कड़ी मेहनत, समर्पण और दृढ़ता लेता है। लेकिन अगर आप सही तरीके से काम करते हैं और सही रणनीतियों का पालन करते हैं, तो आप अपने व्यवसाय के लक्ष्यों को प्राप्त कर सकते हैं और एक सफल व्यवसायी बन सकते हैं।

यहाँ कुछ अतिरिक्त टिप्स दिए गए हैं जो आपको व्यवसाय में सफल होने में मदद कर सकते हैं:

- अपने जुनून का पालन करें: यदि आप अपने व्यवसाय के बारे में जुनूनी हैं, तो आपके पास सफल होने की अधिक संभावना होगी।

जब आप अपने काम को पसंद करते हैं, तो आप इसे अधिक परिश्रम और लगन से करेंगे।

- कभी हार न मानें: व्यवसाय में सफल होने के लिए आपको बार-बार असफल होने के लिए तैयार रहना चाहिए। लेकिन यह महत्वपूर्ण है कि आप कभी हार न मानें। अपनी गलतियों से सीखें और आगे बढ़ें।

- अपना नेटवर्क बनाएं: अन्य व्यवसायियों और उद्यमियों के साथ नेटवर्किंग करें। इससे आपको नए विचारों को सीखने, अवसरों को खोजने और सहायता प्राप्त करने में मदद मिलेगी।

व्यवसाय की सफलता कोई आसान काम नहीं है, लेकिन यह असंभव भी नहीं है। इस मार्गदर्शिका में चर्

Chapter 2: Building a Solid Foundation

Chapter 2: मजबूत नींव का निर्माण

व्यवसाय की एक मजबूत योजना विकसित करना

एक व्यवसाय योजना आपके व्यवसाय के लिए एक रोडमैप है। यह आपके व्यवसाय के लक्ष्यों, रणनीतियों और वित्तीय प्रोजेक्शन को रेखांकित करता है। एक अच्छी व्यवसाय योजना आपको अपने व्यवसाय को सफलतापूर्वक चलाने और अपने लक्ष्यों को प्राप्त करने में मदद कर सकती है।

व्यवसाय योजना क्यों महत्वपूर्ण है?

व्यवसाय योजना निम्नलिखित कारणों से महत्वपूर्ण है:

- यह आपको अपने व्यवसाय के लक्ष्यों को परिभाषित करने में मदद करती है।
- यह आपको अपने लक्षित बाजार को समझने और अपनी मार्केटिंग और बिक्री रणनीतियों को विकसित करने में मदद करती है।
- यह आपको अपने प्रतिस्पर्धियों का विश्लेषण करने और अपने व्यवसाय को अलग करने के तरीकों की पहचान करने में मदद करती है।
- यह आपको अपने वित्तों का प्रबंधन करने और अपने व्यवसाय की लाभप्रदता सुनिश्चित करने में मदद करती है।
- यह आपको निवेशकों और बैंकों से धन प्राप्त करने में मदद कर सकती है।

एक व्यवसाय योजना में क्या शामिल होना चाहिए?

एक व्यवसाय योजना में निम्नलिखित अनुभाग शामिल होने चाहिए:

- सारांश: यह आपके व्यवसाय का एक संक्षिप्त विवरण है, जिसमें आपके व्यवसाय के लक्ष्य, उत्पाद या सेवाएं, लक्षित बाजार और प्रतिस्पर्धी परिदृश्य शामिल हैं।
- कंपनी विवरण: यह आपके व्यवसाय के स्वामित्व संरचना, इतिहास और उत्पादों या सेवाओं का विस्तृत विवरण है।
- मार्केटिंग योजना: यह आपके लक्षित बाजार का विश्लेषण और आप अपनी मार्केटिंग और बिक्री रणनीतियों का वर्णन है।
- चालन योजना: यह आपके व्यवसाय के संचालन के सभी पहलुओं का वर्णन है, जिसमें उत्पादन, वितरण, ग्राहक सेवा और कर्मचारी प्रबंधन शामिल हैं।
- वित्तीय प्रोजेक्शन: इसमें आपके व्यवसाय के आय, व्यय और नकदी प्रवाह के लिए अनुमान शामिल हैं।

व्यवसाय योजना कैसे लिखें?

व्यवसाय योजना लिखने के लिए निम्नलिखित चरणों का पालन करें:

1. अपने व्यवसाय के लक्ष्यों को परिभाषित करें।
2. अपने लक्षित बाजार को समझें।
3. अपने प्रतिस्पर्धियों का विश्लेषण करें।
4. अपनी मार्केटिंग और बिक्री रणनीतियों को विकसित करें।
5. अपने व्यवसाय के संचालन का वर्णन करें।
6. अपने व्यवसाय के लिए वित्तीय प्रोजेक्शन बनाएं।

7. अपनी व्यवसाय योजना को संपादित करें और प्रूफरीड करें।

व्यवसाय योजना विकसित करते समय ध्यान रखने योग्य बातें

- अपनी व्यवसाय योजना को यथार्थवादी और प्राप्त करने योग्य रखें।
- अपनी व्यवसाय योजना को नियमित रूप से अपडेट करें।
- अपनी व्यवसाय योजना को अपने व्यावसायिक भागीदारों, निवेशकों और बैंकों के साथ साझा करें।

निष्कर्ष

एक मजबूत व्यवसाय योजना आपके व्यवसाय की सफलता के लिए आवश्यक है। एक अच्छी व्यवसाय योजना आपको अपने व्यवसाय के लक्ष्यों को प्राप्त करने, अपनी प्रतिस्पर्धात्मकता बढ़ाने और अपने व्यवसाय को बढ़ाने में मदद कर सकती है। यदि आपके पास अभी तक कोई व्यवसाय योजना नहीं है, तो मैं आपको एक विकसित करने के लिए प्रोत्साहित करता हूं।

बाजार अनुसंधान करना

बाजार अनुसंधान किसी व्यवसाय के लिए अपने ग्राहकों और बाजार को बेहतर ढंग से समझने के लिए एकत्र किए गए डेटा का संग्रह और विश्लेषण है। यह व्यवसायों को अपने उत्पादों और सेवाओं को विकसित करने, अपनी मार्केटिंग रणनीतियों को तैयार करने और अपने व्यवसाय के निर्णयों को सूचित करने में मदद करता है।

बाजार अनुसंधान के प्रकार

बाजार अनुसंधान के दो मुख्य प्रकार हैं:

- प्राथमिक अनुसंधान: यह वह अनुसंधान है जो व्यवसाय स्वयं करता है। इसमें सर्वेक्षण, साक्षात्कार, फोकस समूह और परीक्षण जैसे तरीके शामिल हैं।
- द्वितीयक अनुसंधान: यह पहले से मौजूद डेटा का संग्रह और विश्लेषण है। इसमें सरकारी आंकड़े, उद्योग रिपोर्ट और व्यापार पत्रिकाओं जैसे स्रोतों से डेटा शामिल है।

बाजार अनुसंधान करने के चरण

बाजार अनुसंधान करने के निम्नलिखित चरण हैं:

1. अपने अनुसंधान के उद्देश्यों को परिभाषित करें: आप बाजार अनुसंधान क्यों कर रहे हैं? आप क्या जानना चाहते हैं?
2. अपना लक्षित दर्शक पहचानें: आप किससे डेटा एकत्र करना चाहते हैं?
3. अपना अनुसंधान पद्धति चुनें: आप किस प्रकार के अनुसंधान का उपयोग करेंगे (प्राथमिक या द्वितीयक)?

4. अपना डेटा एकत्र करें: अपने चुने हुए अनुसंधान पद्धति का उपयोग करके डेटा एकत्र करें।
5. अपना डेटा विश्लेषण करें: एकत्र किए गए डेटा का विश्लेषण करें और निष्कर्ष निकालें।
6. अपने निष्कर्षों की रिपोर्ट करें: अपने निष्कर्षों की एक रिपोर्ट लिखें और उसे अपने व्यवसाय के निर्णय लेने वालों के साथ साझा करें।

बाजार अनुसंधान के लाभ

बाजार अनुसंधान के निम्नलिखित लाभ हैं:

- यह व्यवसायों को अपने ग्राहकों और बाजार को बेहतर ढंग से समझने में मदद करता है।
- यह व्यवसायों को अपने उत्पादों और सेवाओं को विकसित करने में मदद करता है।
- यह व्यवसायों को अपनी मार्केटिंग रणनीतियों को तैयार करने में मदद करता है।
- यह व्यवसायों को अपने व्यवसाय के निर्णयों को सूचित करने में मदद करता है।
- यह व्यवसायों को अपने प्रतिस्पर्धियों को बेहतर ढंग से समझने में मदद करता है।
- यह व्यवसायों को बाजार के रुझानों और अवसरों की पहचान करने में मदद करता है।

बाजार अनुसंधान के कुछ उदाहरण

बाजार अनुसंधान के कुछ उदाहरण निम्नलिखित हैं:

- एक नया उत्पाद लॉन्च करने से पहले, एक व्यवसाय यह जानने के लिए बाजार अनुसंधान कर सकता है कि क्या ग्राहक उस उत्पाद में रुचि रखते हैं।
- एक व्यवसाय अपने ग्राहकों की संतुष्टि को मापने के लिए बाजार अनुसंधान कर सकता है।
- एक व्यवसाय अपने प्रतिस्पर्धियों के उत्पादों और सेवाओं की तुलना करने के लिए बाजार अनुसंधान कर सकता है।
- एक व्यवसाय नए बाजार में प्रवेश करने से पहले बाजार अनुसंधान कर सकता है।

निष्कर्ष

बाजार अनुसंधान किसी भी व्यवसाय के लिए एक महत्वपूर्ण उपकरण है। यह व्यवसायों को अपने ग्राहकों और बाजार को बेहतर ढंग से समझने, अपने उत्पादों और सेवाओं को विकसित करने, अपनी मार्केटिंग रणनीतियों को तैयार करने और अपने व्यवसाय के निर्णयों को सूचित करने में मदद करता है। यदि आप अपने व्यवसाय को सफल बनाना चाहते हैं, तो आपको नियमित रूप से बाजार अनुसंधान करना चाहिए।

व्यवसाय के लिए सही संरचना चुनना

व्यवसाय की संरचना आपके व्यवसाय के स्वामित्व और प्रबंधन को निर्धारित करती है। यह आपके व्यवसाय की देयता, कर और लाभ वितरण को भी प्रभावित करती है। इसलिए, व्यवसाय के लिए सही संरचना चुनना महत्वपूर्ण है।

व्यवसाय के लिए विभिन्न प्रकार की संरचनाएं उपलब्ध हैं, जिनमें शामिल हैं:

- एकल स्वामित्व (Sole proprietorship): यह व्यवसाय की सबसे सरल संरचना है। एकल स्वामित्व में, व्यवसाय के मालिक और व्यवसाय एक ही इकाई होते हैं। इसका अर्थ यह है कि व्यवसाय के सभी लाभ और हानि सीधे मालिक के पास जाते हैं, और मालिक व्यवसाय के लिए सभी देयताओं के लिए व्यक्तिगत रूप से उत्तरदायी होता है।

- भागीदारी (Partnership): जब दो या दो से अधिक लोग मिलकर कोई व्यवसाय शुरू करते हैं, तो वे एक भागीदारी बना सकते हैं। एक भागीदारी में, प्रत्येक भागीदार व्यवसाय के लाभ और हानि में अपनी हिस्सेदारी के लिए उत्तरदायी होता है। भागीदारी भी दो प्रकार की होती है: सामान्य भागीदारी (general partnership) और सीमित भागीदारी (limited partnership)। एक सामान्य भागीदारी में, प्रत्येक भागीदार व्यवसाय के सभी देयताओं के लिए व्यक्तिगत रूप से उत्तरदायी होता है। एक सीमित भागीदारी में, एक या अधिक भागीदारों की देयता सीमित होती है।

- कंपनी (Company): एक कंपनी एक अलग कानूनी इकाई होती है जो अपने मालिकों से अलग होती है। इसका अर्थ यह है कि कंपनी के अपने अधिकार और दायित्व होते हैं, और कंपनी के

मालिक (जिन्हें शेयरधारक कहा जाता है) केवल अपने निवेश के मूल्य तक ही देय होते हैं। कंपनी भी दो प्रकार की होती है: निजी कंपनी (private company) और सार्वजनिक कंपनी (public company)। एक निजी कंपनी के शेयर आम जनता को उपलब्ध नहीं होते हैं, जबकि एक सार्वजनिक कंपनी के शेयर आम जनता को उपलब्ध होते हैं।

कौन सी व्यवसाय संरचना आपके लिए सही है, यह आपके व्यवसाय के आकार, प्रकार और जोखिम के स्तर पर निर्भर करता है। यदि आप एक छोटा, कम जोखिम वाला व्यवसाय शुरू कर रहे हैं, तो एकल स्वामित्व या भागीदारी आपके लिए एक अच्छा विकल्प हो सकता है। यदि आप एक बड़ा, अधिक जोखिम वाला व्यवसाय शुरू कर रहे हैं, तो एक कंपनी आपके लिए एक बेहतर विकल्प हो सकती है।

व्यवसाय संरचना चुनने से पहले, आपको निम्नलिखित बातों पर विचार करना चाहिए:

- व्यवसाय का आकार: आपका व्यवसाय कितना बड़ा है और आप कितना बढ़ने की योजना बना रहे हैं?
- व्यवसाय का प्रकार: आप किस प्रकार का व्यवसाय चलाते हैं? क्या यह एक सेवा-आधारित व्यवसाय है या एक उत्पाद-आधारित व्यवसाय?
- व्यवसाय का जोखिम स्तर: आपके व्यवसाय में कितना जोखिम शामिल है? क्या आपके व्यवसाय के खिलाफ मुकदमा दायर किए जाने का जोखिम है?
- व्यवसाय के स्वामित्व और प्रबंधन: आप अपने व्यवसाय का स्वामित्व और प्रबंधन कैसे करना चाहते हैं? क्या आप अकेले अपना व्यवसाय चलाना चाहते हैं या आप भागीदारों या शेयरधारकों के साथ काम करना चाहते हैं?

- कर और देयताएं: विभिन्न व्यवसाय संरचनाओं के कर और देयता निहितार्थ क्या हैं?

यदि आप व्यवसाय के लिए सही संरचना चुनने में सुनिश्चित नहीं हैं, तो आपको एक वकील या एकाउंटेंट से सलाह लेनी चाहिए।

यहाँ व्यवसाय के लिए विभिन्न संरचनाओं के कुछ लाभ और हानि दिए गए हैं:

एकल स्वामित्व

लाभ:

- स्थापित करने और प्रबंधन करने में आसान
- कम लागत
- व्यवसाय के मालिक को सभी लाभ प्राप्त होते हैं

हानि:

- व्यवसाय के मालिक सभी नुकसान और देयताओं के लिए व्यक्तिगत रूप से उत्तरदायी होते हैं
- व्यवसाय के मालिक के पास सीमित संसाधन हो सकते हैं
- व्यवसाय के मालिक के पास सीमित कौशल और अनुभव हो सकते हैं

व्यवसाय के लिए वित्तपोषण प्राप्त करना

किसी भी व्यवसाय को शुरू करने और उसे चलाने के लिए धन की आवश्यकता होती है। यदि आपके पास अपने व्यवसाय को वित्तपोषित करने के लिए पर्याप्त व्यक्तिगत बचत नहीं है, तो आपको बाहरी निवेशकों से धन प्राप्त करना होगा।

व्यवसाय के लिए वित्तपोषण प्राप्त करने के कई तरीके हैं, जिनमें शामिल हैं:

- बैंक लोन: बैंक व्यवसायों को उधार देने के लिए जाना जाता है। हालांकि, बैंक लोन प्राप्त करना मुश्किल हो सकता है, खासकर नए व्यवसायों के लिए। बैंक आमतौर पर व्यवसाय की संपत्ति और क्रेडिट इतिहास के आधार पर ऋण मंजूर करते हैं।

- उद्यम पूंजी (Venture capital): उद्यम पूंजीपति उन व्यवसायों में निवेश करते हैं जिनमें उच्च वृद्धि की क्षमता होती है। उद्यम पूंजीपति आमतौर पर व्यवसाय के बदले में इक्विटी (equity) लेते हैं।

- एंजेल निवेशक (Angel investor): एंजेल निवेशक ऐसे व्यक्तिगत निवेशक हैं जो उच्च जोखिम वाले व्यवसायों में निवेश करते हैं। एंजेल निवेशक अक्सर व्यवसाय के बदले में इक्विटी लेते हैं।

- क्राउडफंडिंग (Crowdfunding): क्राउडफंडिंग ऑनलाइन प्लेटफॉर्म के माध्यम से बड़ी संख्या में निवेशकों से छोटी-छोटी राशियाँ जुटाने की प्रक्रिया है। क्राउडफंडिंग दो प्रकार का होता है: इनाम-आधारित क्राउडफंडिंग (reward-based crowdfunding) और इक्विटी-आधारित क्राउडफंडिंग (equity-based crowdfunding)। इनाम-आधारित क्राउडफंडिंग में, निवेशकों को उनकी राशि के बदले में इनाम मिलता है।

इक्विटी-आधारित क्राउडफंडिंग में, निवेशकों को व्यवसाय में इक्विटी मिलती है।

व्यवसाय के लिए वित्तपोषण प्राप्त करने से पहले, आपको निम्नलिखित बातों पर विचार करना चाहिए:

- आपको कितना धन चाहिए? इस बात का अनुमान लगाएं कि आपके व्यवसाय को शुरू करने और चलाने के लिए आपको कितना धन चाहिए।
- आप किस प्रकार का वित्तपोषण चाहते हैं? यह निर्धारित करें कि आप किस प्रकार का वित्तपोषण चाहते हैं: ऋण, इक्विटी या क्राउडफंडिंग।
- आप कहाँ से वित्तपोषण प्राप्त कर सकते हैं? विभिन्न वित्तपोषण विकल्पों को रिसर्च करें और यह निर्धारित करें कि कौन से विकल्प आपके व्यवसाय के लिए उपयुक्त हैं।
- आप निवेशकों को क्या पेश कर सकते हैं? निवेशक उन व्यवसायों में निवेश करते हैं जिनमें उच्च वृद्धि की क्षमता होती है। इसलिए, आपको यह स्पष्ट करने की आवश्यकता है कि आप अपने व्यवसाय को कैसे सफल बनाने जा रहे हैं और निवेशकों को क्या लाभ होगा।

व्यवसाय के लिए वित्तपोषण प्राप्त करना एक चुनौतीपूर्ण कार्य हो सकता है, लेकिन यह असंभव नहीं है। यदि आपके पास एक अच्छा व्यवसाय विचार और एक ठोस व्यावसायिक योजना है, तो आपको अपने व्यवसाय को वित्तपोषित करने में सक्षम होना चाहिए।

यहाँ व्यवसाय के लिए वित्तपोषण प्राप्त करने के लिए कुछ सुझाव दिए गए हैं:

- एक अच्छी व्यावसायिक योजना बनाएं: निवेशक आपकी व्यावसायिक योजना को देखेंगे यह निर्धारित करने के लिए कि आपका व्यवसाय व्यवहार्य है और क्या वे इसमें निवेश करना चाहते हैं। इसलिए, यह महत्वपूर्ण है कि आपके पास एक अच्छी तरह से लिखी गई व्यावसायिक योजना हो जो आपके व्यवसाय के लक्ष्यों, रणनीतियों और वित्तीय प्रोजेक्शन को रेखांकित करती हो।

- अपने लक्षित निवेशकों को जानें: विभिन्न प्रकार के निवेशक हैं, जिनमें बैंक, उद्यम पूंजीपति, एंजेल निवेशक और क्राउडफंडिंग प्लेटफॉर्म शामिल हैं। आपको अपने लक्षित निवेशकों को जानना और उन्हें क्या चाहते हैं यह समझना होगा।

- अपनी प्रस्तुति तैयार करें: जब आप नि

टीम बनाना

कोई भी व्यवसाय अकेले सफल नहीं हो सकता। एक सफल व्यवसाय के लिए एक मजबूत टीम की आवश्यकता होती है। एक मजबूत टीम आपके व्यवसाय को अपने लक्ष्यों को प्राप्त करने और सफल होने में मदद कर सकती है।

टीम क्यों महत्वपूर्ण है?

टीम निम्नलिखित कारणों से महत्वपूर्ण है:

- टीम विभिन्न कौशल और अनुभव लाते हैं: एक टीम के सदस्यों के पास विभिन्न कौशल और अनुभव होते हैं, जो व्यवसाय को विभिन्न प्रकार के कार्यों को पूरा करने में मदद करते हैं। उदाहरण के लिए, एक टीम में एक मार्केटिंग विशेषज्ञ, एक बिक्री विशेषज्ञ, एक वित्त विशेषज्ञ और एक उत्पादन विशेषज्ञ शामिल हो सकते हैं।
- टीम एक-दूसरे का समर्थन करते हैं: टीम के सदस्य एक-दूसरे का समर्थन करते हैं और एक-दूसरे से सीखते हैं। यह व्यवसाय को अधिक कुशल और प्रभावी होने में मदद करता है।
- टीम नवाचार को बढ़ावा देते हैं: टीम के सदस्य विभिन्न विचारों और दृष्टिकोण लाते हैं, जो नवाचार को बढ़ावा देने में मदद करते हैं। यह व्यवसाय को प्रतिस्पर्धात्मक बने रहने में मदद करता है।

एक अच्छी टीम कैसे बनाएं?

एक अच्छी टीम बनाने के लिए निम्नलिखित चरणों का पालन करें:

1. अपने व्यवसाय के लक्ष्यों को परिभाषित करें: आपको यह जानना होगा कि आप अपने व्यवसाय के साथ क्या हासिल करना चाहते हैं ताकि आप अपनी टीम के लिए सही लोगों को भर्ती कर सकें।

2. अपनी टीम के लिए आवश्यक कौशल और अनुभव की पहचान करें: आपके व्यवसाय के लक्ष्यों को प्राप्त करने के लिए आपकी टीम के सदस्यों के पास कौन से कौशल और अनुभव होने चाहिए?

3. सही लोगों को भर्ती करें: उन लोगों को भर्ती करें जो आपके व्यवसाय के लक्ष्यों को प्राप्त करने में आपकी मदद कर सकें और आपके व्यवसाय की संस्कृति में फिट हों।

4. अपनी टीम को प्रशिक्षित करें और विकसित करें: अपनी टीम के सदस्यों को उन कौशल और ज्ञान से लैस करें जो उन्हें अपने काम को सफलतापूर्वक करने की आवश्यकता है।

5. अपनी टीम को प्रेरित और समर्थित करें: अपनी टीम के सदस्यों को प्रेरित करें और उनका समर्थन करें ताकि वे अपना सर्वश्रेष्ठ प्रदर्शन कर सकें।

टीम बनाते समय ध्यान रखने योग्य बातें

टीम बनाते समय निम्नलिखित बातों का ध्यान रखें:

- विविधता की शक्ति का उपयोग करें: अपनी टीम में विभिन्न पृष्ठभूमि, कौशल और अनुभव वाले लोगों को शामिल करें। यह आपकी टीम को अधिक रचनात्मक और अभिनव बनने में मदद करेगा।

- एक मजबूत टीम संस्कृति बनाएं: एक टीम संस्कृति बनाएं जो सम्मान, सहयोग और विश्वास पर आधारित हो। यह आपकी टीम

को एक साथ काम करने और अपने लक्ष्यों को प्राप्त करने में मदद करेगा।

- अपनी टीम को सुनें और उनकी प्रतिक्रिया को महत्व दें: अपनी टीम के सदस्यों को सुनें और उनकी प्रतिक्रिया को महत्व दें। यह आपकी टीम को अधिक लगे हुए और उत्पादक बनने में मदद करेगा।

- अपनी टीम को जश्न मनाएं और पुरस्कृत करें: अपनी टीम के सदस्यों की सफलताओं का जश्न मनाएं और उन्हें उनके अच्छे काम के लिए पुरस्कृत करें। यह आपकी टीम को अधिक प्रेरित और उत्पादक बनने में मदद करेगा।

निष्कर्ष

एक मजबूत टीम आपके व्यवसाय को अपने लक्ष्यों को प्राप्त करने और सफल होने में मदद कर सकती है। यदि आप अपने व्यवसाय को सफल बनाना चाहते हैं, तो आपको अपनी टीम में निवेश करने और एक मजबूत टीम संस्कृति बनाने की आवश्यकता है।

Chapter 3: Marketing and Sales

Chapter 3: विपणन और बिक्री

विपणन रणनीति विकसित करना

विपणन रणनीति एक व्यवसाय के लिए एक योजना है कि वह अपने उत्पादों या सेवाओं को अपने लक्षित बाजार तक कैसे पहुंचाए और उन्हें खरीदने के लिए कैसे प्रेरित करे। एक अच्छी विपणन रणनीति व्यवसाय को अपने लक्ष्यों को प्राप्त करने, अपनी बिक्री बढ़ाने और अपने मुनाफे को बढ़ाने में मदद कर सकती है।

विपणन रणनीति विकसित करने के लिए निम्नलिखित चरणों का पालन करें:

1. अपने व्यवसाय के लक्ष्यों को परिभाषित करें: आप अपने व्यवसाय के साथ क्या हासिल करना चाहते हैं? आप अपनी कितनी बिक्री बढ़ाना चाहते हैं? आप कितना मुनाफा कमाना चाहते हैं?

2. अपने लक्षित बाजार को जानें: आपके आदर्श ग्राहक कौन हैं? वे कहाँ रहते हैं? उनकी क्या रुचि है? उनकी क्या ज़रूरतें और इच्छाएं हैं?

3. अपने प्रतिस्पर्धियों का विश्लेषण करें: आपके प्रतिस्पर्धी कौन हैं? वे क्या अच्छी तरह से कर रहे हैं? वे क्या बुरी तरह से कर रहे हैं?

4. अपनी मार्केटिंग रणनीति विकसित करें: अपनी मार्केटिंग रणनीति में निम्नलिखित शामिल करें:

- आपके लक्षित बाजार तक पहुंचने के लिए आप कौन से मार्केटिंग चैनलों का उपयोग करेंगे? (उदाहरण के लिए, वेबसाइट, सोशल मीडिया, ईमेल मार्केटिंग, सर्च इंजन ऑप्टिमाइजेशन (SEO), पे-पर-क्लिक (PPC) विज्ञापन, आदि)
- आप अपने उत्पादों या सेवाओं का प्रचार करने के लिए कौन से मार्केटिंग संदेश का उपयोग करेंगे?
- आप अपने उत्पादों या सेवाओं की कीमत कैसे निर्धारित करेंगे?
- आप अपने उत्पादों या सेवाओं को कैसे वितरित करेंगे?

5. अपनी मार्केटिंग रणनीति को लागू करें और मापें: अपनी मार्केटिंग रणनीति को लागू करें और इसके परिणामों को मापें। यह आपको यह निर्धारित करने में मदद करेगा कि आपकी रणनीति काम कर रही है या नहीं, और यदि नहीं, तो आपको क्या बदलाव करने की आवश्यकता है।

विपणन रणनीति विकसित करते समय निम्नलिखित बातों का ध्यान रखें:

- अपने लक्षित बाजार पर ध्यान केंद्रित करें: आपकी मार्केटिंग रणनीति आपके लक्षित बाजार की जरूरतों और इच्छाओं पर केंद्रित होनी चाहिए।

- अलग बनें: अपने प्रतिस्पर्धियों से अलग होने के लिए एक तरीका खोजें। यह आपके उत्पादों या सेवाओं की विशिष्ट विशेषताओं को उजागर करके, या अपने ब्रांड को एक अनूठा व्यक्तित्व देकर किया जा सकता है।

- नियमित रूप से अपनी मार्केटिंग रणनीति को अपडेट करें: आपकी मार्केटिंग रणनीति को नियमित रूप से अपडेट

किया जाना चाहिए ताकि बाजार के रुझानों और परिवर्तनों को दर्शाया जा सके।

विपणन रणनीति विकसित करना एक महत्वपूर्ण कार्य है, लेकिन यह कोई असंभव कार्य नहीं है। यदि आप ऊपर दिए गए चरणों का पालन करते हैं, तो आप अपने व्यवसाय के लिए एक विपणन रणनीति विकसित करने में सक्षम होंगे जो आपको अपने लक्ष्यों को प्राप्त करने में मदद करेगी।

यहाँ कुछ सामान्य विपणन रणनीतियों के उदाहरण दिए गए हैं:

- सामग्री विपणन: यह विपणन रणनीति आपके लक्षित बाजार के लिए मूल्यवान सामग्री बनाकर और साझा करके उन्हें आकर्षित करने और बनाए रखने पर केंद्रित है। सामग्री विपणन में ब्लॉग पोस्ट, ईबुक, इन्फोग्राफिक्स, वीडियो और अन्य प्रकार की सामग्री बनाना शामिल है।

- सोशल मीडिया मार्केटिंग: यह विपणन रणनीति सोशल मीडिया प्लेटफॉर्म जैसे फेसबुक, ट्विटर, और इंस्टाग्राम का उपयोग करके आपके लक्षित बाजार तक पहुंचने और उनसे जुड़ने पर केंद्रित है। सोशल मीडिया

मजबूत ब्रांड पहचान बनाना

ब्रांड पहचान आपके ब्रांड के लिए अद्वितीय विशेषताओं का एक समूह है जो इसे आपके प्रतिस्पर्धियों से अलग बनाता है। यह आपके ब्रांड का व्यक्तित्व, मूल्य और दृष्टिकोण है। एक मजबूत ब्रांड पहचान आपके ग्राहकों को आपके ब्रांड से जुड़ने और उसे याद रखने में मदद करती है। यह आपके ब्रांड को अधिक विश्वसनीय और भरोसेमंद बनाता है।

मजबूत ब्रांड पहचान क्यों महत्वपूर्ण है?

मजबूत ब्रांड पहचान निम्नलिखित कारणों से महत्वपूर्ण है:

- यह आपको अपने प्रतिस्पर्धियों से अलग होने में मदद करता है।
- यह आपके ग्राहकों को आपके ब्रांड से जुड़ने और उसे याद रखने में मदद करता है।
- यह आपके ब्रांड को अधिक विश्वसनीय और भरोसेमंद बनाता है।
- यह आपके ग्राहकों को आपके ब्रांड से प्रीमियम मूल्य चुकाने के लिए प्रेरित करता है।
- यह आपके ब्रांड की वफादारी बढ़ाता है।

मजबूत ब्रांड पहचान कैसे बनाएं?

मजबूत ब्रांड पहचान बनाने के लिए निम्नलिखित चरणों का पालन करें:

1. अपने ब्रांड के मूल्यों को परिभाषित करें: आपके ब्रांड के लिए सबसे महत्वपूर्ण क्या है? आप किन मूल्यों को दर्शाते हैं?
2. अपने लक्षित बाजार को समझें: आपके आदर्श ग्राहक कौन हैं? उनकी क्या जरूरतें और इच्छाएं हैं?

3. अपना ब्रांड व्यक्तित्व विकसित करें: आपके ब्रांड का व्यक्तित्व क्या है? क्या यह मजेदार और मिलनसार है? या यह गंभीर और पेशेवर है?

4. अपना ब्रांड नाम, लोगो और टैगलाइन बनाएं: आपके ब्रांड का नाम, लोगो और टैगलाइन आपके ब्रांड की पहचान के महत्वपूर्ण तत्व हैं। वे यादगार, अद्वितीय और आपके ब्रांड मूल्यों को दर्शाने वाले होने चाहिए।

5. अपना ब्रांड स्टोरी विकसित करें: आपके ब्रांड स्टोरी में आपके ब्रांड की स्थापना कैसे हुई, आप क्या करते हैं और क्यों करते हैं। यह आपके ब्रांड को आपके प्रतिस्पर्धियों से अलग बनाता है।

6. सभी ग्राहक स्पर्श बिंदुओं पर अपनी ब्रांड पहचान को एकरूप बनाएं: अपनी ब्रांड पहचान को अपनी वेबसाइट, सोशल मीडिया, मार्केटिंग सामग्री और यहां तक कि अपने कर्मचारियों के कपड़ों पर एकरूप बनाएं। इससे आपके ग्राहकों को आपके ब्रांड को पहचानने और याद रखने में मदद मिलेगी।

मजबूत ब्रांड पहचान बनाते समय ध्यान रखने योग्य बातें

मजबूत ब्रांड पहचान बनाते समय निम्नलिखित बातों का ध्यान रखें:

- अपना ब्रांड व्यक्तित्व सुसंगत रखें: आपके ब्रांड का व्यक्तित्व सभी ग्राहक स्पर्श बिंदुओं पर सुसंगत होना चाहिए। इससे आपके ग्राहकों को आपके ब्रांड को जानने और समझने में मदद मिलेगी।

- अपने ब्रांड को विकसित करें: आपका ब्रांड आपके साथ बढ़ना चाहिए। समय के साथ अपना ब्रांड अपडेट करें ताकि यह आपके व्यवसाय में होने वाले परिवर्तनों को दर्शाए।

- प्रमाणिक रहें: आपके ब्रांड को प्रामाणिक होना चाहिए। आपके ब्रांड मूल्यों और वादे आपके व्यापार के अनुरूप होने चाहिए।

निष्कर्ष

एक मजबूत ब्रांड पहचान आपके व्यवसाय की सफलता के लिए महत्वपूर्ण है। यह आपको अपने प्रतिस्पर्धियों से अलग होने में मदद करता है, आपके ग्राहकों को आपके ब्रांड से जुड़ने और उसे याद रखने में मदद करता है, और आपके ब्रांड को अधिक विश्वसनीय और भरोसेमंद बनाता है। यदि आप एक सफल व्यवसाय बनाना चाहते हैं, तो आपको एक मजबूत ब्रांड पहचान बनाने की आवश्यकता है।

अपने लक्षित दर्शकों तक पहुंचना

अपना लक्षित दर्शकों तक पहुंचना किसी भी व्यवसाय के लिए महत्वपूर्ण है। अपने लक्षित दर्शकों तक पहुंचने के बिना, आप अपने उत्पादों या सेवाओं को बेचने में सक्षम नहीं होंगे।

अपना लक्षित दर्शकों तक पहुंचने के कई तरीके हैं। कुछ सबसे आम तरीकों में शामिल हैं:

- सामग्री विपणन: सामग्री विपणन आपके लक्षित दर्शकों के लिए मूल्यवान सामग्री बनाकर और साझा करके उन्हें आकर्षित करने और बनाए रखने पर केंद्रित है। सामग्री विपणन में ब्लॉग पोस्ट, ईबुक, इन्फोग्राफिक्स, वीडियो और अन्य प्रकार की सामग्री बनाना शामिल है।

- सोशल मीडिया मार्केटिंग: सोशल मीडिया मार्केटिंग सोशल मीडिया प्लेटफॉर्म जैसे फेसबुक, ट्विटर, और इंस्टाग्राम का उपयोग करके आपके लक्षित दर्शकों तक पहुंचने और उनसे जुड़ने पर केंद्रित है। सोशल मीडिया मार्केटिंग में आपके लक्षित दर्शकों के लिए दिलचस्प और प्रासंगिक सामग्री पोस्ट करना, उनके सवालों का जवाब देना और उनसे जुड़ने के अन्य तरीके शामिल हैं।

- सर्च इंजन ऑप्टिमाइजेशन (SEO): SEO आपके वेबसाइट और सामग्री को सर्च इंजन रिजल्ट पेज (SERPs) में उच्चतर रैंक करने में मदद करने पर केंद्रित है। जब आपका वेबसाइट और सामग्री SERPs में उच्चतर रैंक करते हैं, तो आपके लक्षित दर्शकों के लिए इसे ढूंढना आसान हो जाता है।

- पे-पर-क्लिक (PPC) विज्ञापन: PPC विज्ञापन आपको सर्च इंजन रिजल्ट पेज (SERPs) और अन्य वेबसाइटों पर अपने विज्ञापन प्रदर्शित करने की अनुमति देता है। जब कोई आपके विज्ञापन

पर क्लिक करता है, तो आप एक छोटी राशि का भुगतान करते हैं। PPC विज्ञापन आपके लक्षित दर्शकों तक पहुंचने का एक त्वरित और प्रभावी तरीका है, लेकिन यह महंगा भी हो सकता है।

अपना लक्षित दर्शकों तक पहुंचने के सर्वोत्तम तरीके आपके व्यवसाय और उद्योग पर निर्भर करेंगे। हालांकि, आपके लक्षित दर्शकों तक पहुंचने के लिए उपरोक्त तरीकों में से एक या अधिक का उपयोग करना महत्वपूर्ण है।

यहां अपने लक्षित दर्शकों तक पहुंचने के लिए कुछ अतिरिक्त युक्तियां दी गई हैं:

- अपने लक्षित दर्शकों को जानें: अपने लक्षित दर्शकों को बेहतर ढंग से समझने के लिए समय लें। उनके हित क्या हैं? उनकी ज़रूरतें और इच्छाएं क्या हैं? कहाँ घूमते हैं?
- अपना संदेश दर्शकों के अनुरूप बनाएं: एक बार जब आप अपने लक्षित दर्शकों को अच्छी तरह से जान लेते हैं, तो आप उनके लिए प्रासंगिक और दिलचस्प संदेश बना सकते हैं।
- संगत रहें: अपने लक्षित दर्शकों के साथ लगातार जुड़े रहें। यह नियमित रूप से नई सामग्री पोस्ट करके, उनके सवालों का जवाब देकर और उनसे जुड़ने के अन्य तरीके करके किया जा सकता है।
- अपने परिणामों को मापें: अपने लक्षित दर्शकों तक पहुंचने के लिए आपके द्वारा उपयोग की जाने वाली विधियों के परिणामों को मापना महत्वपूर्ण है। इससे आपको यह निर्धारित करने में मदद मिलेगी कि क्या काम कर रहा है और क्या नहीं।

अपना लक्षित दर्शकों तक पहुंचना एक आसान काम नहीं है, लेकिन यह एक आवश्यक काम है। यदि आप अपने व्यवसाय को सफल बनाना

चाहते हैं, तो आपको अपने लक्षित दर्शकों तक पहुंचने का एक तरीका खोजने की आवश्यकता है।

यहाँ कुछ विशिष्ट उदाहरण दिए गए हैं कि विभिन्न प्रकार के व्यवसाय अपने लक्षित दर्शकों तक कैसे पहुँचते हैं:

- ई-कॉमर्स व्यवसाय: ई-कॉमर्स व्यवसाय अपने लक्षित दर्शकों तक सोशल मीडिया मार्केटिंग, SEO और PPC विज्ञापन का उपयोग करके पहुँचते हैं। वे अपने लक्षित दर्शकों को आकर्षित करने और बनाए रखने के लिए सामग्री विपणन का भी उपयोग करते हैं,

लीड जनरेशन

लीड जनरेशन किसी व्यवसाय के लिए संभावित ग्राहकों को पहचानने और उनसे संपर्क करने की प्रक्रिया है। यह किसी व्यवसाय के लिए नए ग्राहकों को प्राप्त करने और अपनी बिक्री बढ़ाने के लिए सबसे महत्वपूर्ण चरणों में से एक है।

लीड जनरेशन के कई अलग-अलग तरीके हैं, लेकिन सबसे आम तरीकों में शामिल हैं:

- सामग्री विपणन: सामग्री विपणन आपके लक्षित दर्शकों के लिए मूल्यवान सामग्री बनाकर और साझा करके उन्हें आकर्षित करने और बनाए रखने पर केंद्रित है। सामग्री विपणन में ब्लॉग पोस्ट, ईबुक, इन्फोग्राफिक्स, वीडियो और अन्य प्रकार की सामग्री बनाना शामिल है।

- सोशल मीडिया मार्केटिंग: सोशल मीडिया मार्केटिंग सोशल मीडिया प्लेटफॉर्म जैसे फेसबुक, ट्विटर, और इंस्टाग्राम का उपयोग करके आपके लक्षित दर्शकों तक पहुंचने और उनसे जुड़ने पर केंद्रित है। सोशल मीडिया मार्केटिंग में आपके लक्षित दर्शकों के लिए दिलचस्प और प्रासंगिक सामग्री पोस्ट करना, उनके सवालों का जवाब देना और उनसे जुड़ने के अन्य तरीके शामिल हैं।

- सर्च इंजन ऑप्टिमाइजेशन (SEO): SEO आपके वेबसाइट और सामग्री को सर्च इंजन रिजल्ट पेज (SERPs) में उच्चतर रैंक करने में मदद करने पर केंद्रित है। जब आपका वेबसाइट और सामग्री SERPs में उच्चतर रैंक करते हैं, तो आपके लक्षित दर्शकों के लिए इसे ढूंढना आसान हो जाता है।

- पे-पर-क्लिक (PPC) विज्ञापन: PPC विज्ञापन आपको सर्च इंजन रिजल्ट पेज (SERPs) और अन्य वेबसाइटों पर अपने विज्ञापन

प्रदर्शित करने की अनुमति देता है। जब कोई आपके विज्ञापन पर क्लिक करता है, तो आप एक छोटी राशि का भुगतान करते हैं। PPC विज्ञापन आपके लक्षित दर्शकों तक पहुंचने का एक त्वरित और प्रभावी तरीका है, लेकिन यह महंगा भी हो सकता है।

- ईमेल मार्केटिंग: ईमेल मार्केटिंग आपके लीड्स को ईमेल भेजने पर केंद्रित है ताकि उन्हें आपके उत्पादों या सेवाओं के बारे में अधिक जानकारी प्रदान की जा सके और उन्हें खरीदने के लिए प्रेरित किया जा सके। ईमेल मार्केटिंग एक बहुत ही प्रभावी लीड जनरेशन तकनीक हो सकती है, लेकिन यह בושה है कि आप अपनी लीड्स को केवल प्रासंगिक और मूल्यवान सामग्री भेजें।

आप अपनी लीड्स को जनरेट करने के लिए एक या अधिक तरीकों का उपयोग कर सकते हैं। यह आपके व्यवसाय और उद्योग पर निर्भर करेगा। हालांकि, यह महत्वपूर्ण है कि आप अपनी लीड्स को जनरेट करने के लिए किसी एक तरीके का उपयोग न करें। इसके बजाय, आपको अपनी लीड्स को जनरेट करने के लिए विभिन्न तरीकों का उपयोग करना चाहिए ताकि आप अधिक संभावित ग्राहकों तक पहुंच सकें।

यहां कुछ अतिरिक्त लीड जनरेशन युक्तियां दी गई हैं:

- अपनी लीड्स को लक्ष्य बनाएं: अपने लक्षित दर्शकों को जानें और उनसे कहाँ पहुँचें। यह आपको अपनी लीड्स को अधिक प्रभावी ढंग से जनरेट करने में मदद करेगा।
- अपने लीड्स को क्वालीफाई करें: सभी लीड्स समान नहीं बनाई गई हैं। कुछ लीड्स आपके उत्पादों या सेवाओं में अधिक रुचि रखेंगे और खरीदने की अधिक संभावना रखेंगे। अपने लीड्स को क्वालीफाई करने से आपको यह निर्धारित करने में मदद मिलेगी कि कौन सी लीड्स आपके समय और ध्यान के लायक हैं।

- अपनी लीड्स का पोषण करें: एक बार जब आपके पास लीड्स हो, तो आपको उन्हें पोषण देना होगा। इसका मतलब है उन्हें नियमित रूप से मूल्यवान सामग्री भेजना और उनसे जुड़ने के अन्य तरीके खोजना। यह आपको अपनी लीड्स को खरीदने के लिए प्रेरित करने में मदद करेगा।

- अपने लीड्स को ट्रैक करें: अपने लीड जनरेशन प्रयासों के परिणामों को ट्रैक करना महत्वपूर्ण है। इससे आपको यह निर्

बिक्री बंद करना

बिक्री बंद करना किसी बिक्री प्रक्रिया का अंतिम चरण है, जिसमें आप अपने ग्राहक को आपके उत्पाद या सेवा को खरीदने के लिए राजी करते हैं। यह एक चुनौतीपूर्ण चरण हो सकता है, लेकिन यह महत्वपूर्ण है क्योंकि यह आपके व्यवसाय के लिए राजस्व उत्पन्न करता है।

बिक्री बंद करने के लिए कोई एक सही तरीका नहीं है, लेकिन कुछ सामान्य चरण हैं जिनका आप पालन कर सकते हैं:

1. अपने ग्राहक की जरूरतों को समझें: अपने ग्राहक की जरूरतों और इच्छाओं को समझने के लिए समय लें। इससे आपको यह निर्धारित करने में मदद मिलेगी कि आपके उत्पाद या सेवा उनकी जरूरतों को कैसे पूरा कर सकते हैं।

2. अपने उत्पाद या सेवा के मूल्य को प्रदर्शित करें: अपने ग्राहक को यह दिखाएं कि आपके उत्पाद या सेवा से उन्हें क्या लाभ होगा। यह आपके उत्पाद या सेवा की विशेषताओं और लाभों को उजागर करके, या यह दिखाकर किया जा सकता है कि आपके उत्पाद या सेवा ने अन्य ग्राहकों की कैसे मदद की है।

3. आपत्ति को संभालें: आपके ग्राहक के पास आपके उत्पाद या सेवा को खरीदने के बारे में आपत्तियां हो सकती हैं। इन आपत्तियों को प्रभावी ढंग से संभालना महत्वपूर्ण है। ऐसा करने के लिए, आपको आपत्तियों को सुनना और उन्हें संबोधित करना होगा।

4. सीएसए (कॉल टू एक्शन) दें: अपने ग्राहक को यह बताएं कि आप उनसे क्या चाहते हैं। क्या आप चाहते हैं कि वे एक अनुबंध पर हस्ताक्षर करें? क्या आप चाहते हैं कि वे एक भुगतान करें? इसे स्पष्ट करें।

5. सील डील: एक बार जब आपके ग्राहक ने आपके उत्पाद या सेवा को खरीदने का फैसला कर लिया है, तो डील को सील कर दें। इसका मतलब यह सुनिश्चित करना है कि आपके ग्राहक के पास आपके उत्पाद या सेवा को खरीदने के लिए आवश्यक सभी जानकारी है और वे जानते हैं कि आगे क्या करना है।

यहाँ बिक्री बंद करने के लिए कुछ अतिरिक्त युक्तियां दी गई हैं:

- विश्वास बनाएं: अपने ग्राहक के साथ विश्वास बनाना महत्वपूर्ण है। ऐसा करने के लिए, आपको ईमानदार और भरोसेमंद बनना होगा। आपको अपने ग्राहक को यह भी दिखाना होगा कि आप उनकी जरूरतों को पूरा करने में उनकी मदद करने के लिए प्रतिबद्ध हैं।

- तत्पर रहें: अपने ग्राहक को यह दिखाएं कि आप उनके व्यवसाय के लिए उत्सुक हैं। इसका मतलब है उनके सवालों का जवाब देना, उनके साथ सम्मान के साथ पेश आना और उन्हें यह दिखाना कि आप उनकी मदद करना चाहते हैं।

- दबाव न डालें: अपने ग्राहक पर दबाव डालने से बचें। इसके बजाय, उन्हें यह दिखाएं कि आपके उत्पाद या सेवा उनके लिए फायदेमंद हैं और उन्हें खरीदने का निर्णय लेने के लिए उन्हें समय दें।

बिक्री बंद करना एक चुनौतीपूर्ण चरण हो सकता है, लेकिन यह एक महत्वपूर्ण चरण भी है। यदि आप ऊपर दिए गए चरणों का पालन करते हैं और इन युक्तियों को ध्यान में रखते हैं, तो आप अपनी बिक्री बंद करने में सुधार कर सकते हैं और अपने व्यवसाय के लिए अधिक राजस्व उत्पन्न कर सकते हैं।

यहाँ बिक्री बंद करने के लिए कुछ विशिष्ट उदाहरण दिए गए हैं:

- ई-कॉमर्स व्यवसाय: एक ई-कॉमर्स व्यवसाय अपने ग्राहकों को चेकआउट प्रक्रिया के दौरान बिक्री बंद कर सकता है। ऐसा करके, व्यवसाय अपने ग्राहकों को शिपिंग और बिलिंग जानकारी प्रदान करने, भुगतान करने और अपने ऑर्डर को पूरा करने के लिए कहता है।

- सॉफ्टवेयर व्यवसाय: एक सॉफ्टवेयर व्यवसाय अपने ग्राहकों को निःशुल्क परीक्षण या डेमो के बाद बिक्री बंद कर सकता है। ऐसा करके, व्यवसाय अपने ग्राहकों को अपने सॉफ़्टवेयर के लाभों को दिखाता है और उन्हें इसे खरीदने के लिए राजी करता है।

- सर्विस व्यवसाय: एक सर्विस व्यवसाय अपने ग्राहकों को एक प्रस्ताव या अनुबंध भेजकर बिक्री बंद कर सकता है। ऐसा करके, व्यवसाय अपने ग्राहकों को अपनी सेवाओं के बारे में सभी आवश्यक जानकारी प्रदान करता है और उन्हें अनुबंध पर हस्ताक्षर करने के लिए कहता है।

बिक्री बंद करना एक महत्वपूर्ण चरण है, लेकिन यह केवल बिक

Chapter 4: Operations and Customer Service

Chapter 4: संचालन और ग्राहक सेवा

उच्च गुणवत्ता वाले उत्पाद या सेवाएं बनाना और प्रदान करना

किसी भी व्यवसाय के लिए उच्च गुणवत्ता वाले उत्पाद या सेवाएं बनाना और प्रदान करना महत्वपूर्ण है। यह आपके ग्राहकों को आपसे और आपके व्यवसाय से जुड़ने के लिए प्रेरित करता है, और यह आपको अपने प्रतिस्पर्धियों से अलग करता है।

उच्च गुणवत्ता वाले उत्पाद या सेवाएं बनाने और प्रदान करने के लिए, आपको निम्नलिखित चरणों का पालन करना चाहिए:

1. अपने लक्षित बाजार को समझें: अपने लक्षित बाजार की जरूरतों और इच्छाओं को समझना महत्वपूर्ण है। इससे आपको यह निर्धारित करने में मदद मिलेगी कि आपके उत्पाद या सेवा को क्या बनाना चाहिए और इसे कैसे प्रदान करना चाहिए।

2. अपने उत्पाद या सेवा को परिभाषित करें: एक बार जब आप अपने लक्षित बाजार को समझ जाते हैं, तो आपको अपने उत्पाद या सेवा को परिभाषित करने की आवश्यकता होती है। इसका मतलब है यह निर्धारित करना कि आपका उत्पाद या सेवा क्या है, यह किन समस्याओं को हल करता है, और यह क्या लाभ प्रदान करता है।

3. अपने उत्पाद या सेवा को डिजाइन करें: एक बार जब आप अपने उत्पाद या सेवा को परिभाषित कर लेते हैं, तो आपको इसे डिजाइन करने की आवश्यकता होती है। इसमें आपके उत्पाद या सेवा की विशेषताओं और लाभों को निर्धारित करना, साथ ही

साथ इसकी उपस्थिति और कार्यक्षमता को डिजाइन करना शामिल है।

4. अपने उत्पाद या सेवा का उत्पादन करें: एक बार जब आप अपने उत्पाद या सेवा को डिजाइन कर लेते हैं, तो आपको इसे उत्पादन करने की आवश्यकता होती है। इसमें आपके उत्पाद या सेवा के लिए कच्चे माल या सामग्री की खरीद, साथ ही साथ इसे बनाने या असेंबल करने की प्रक्रिया शामिल है।

5. अपने उत्पाद या सेवा को वितरित करें: एक बार जब आप अपने उत्पाद या सेवा का उत्पादन कर लेते हैं, तो आपको इसे अपने ग्राहकों तक पहुंचने की आवश्यकता होती है। इसका मतलब है कि आपके उत्पाद या सेवा को आपके ग्राहकों के लिए खरीदने के लिए आसान बनाने के लिए एक वितरण प्रणाली स्थापित करना।

6. अपने उत्पाद या सेवा का समर्थन करें: एक बार जब आपके ग्राहक आपके उत्पाद या सेवा को खरीद लेते हैं, तो आपको उन्हें समर्थन प्रदान करने की आवश्यकता होती है। इसमें उनके किसी भी प्रश्न या समस्या का समाधान करना शामिल है।

उच्च गुणवत्ता वाले उत्पाद या सेवाएं बनाने और प्रदान करने के लिए निम्नलिखित युक्तियों को ध्यान में रखें:

- अपने उत्पाद या सेवा की गुणवत्ता को लगातार मापें और सुधारें: अपने उत्पाद या सेवा की गुणवत्ता को लगातार मापना और सुधारना महत्वपूर्ण है। यह आपको अपने उत्पाद या सेवा की गुणवत्ता को उच्च स्तर पर बनाए रखने और यहां तक कि इसे सुधारने में मदद करेगा।

- अपने ग्राहकों से प्रतिक्रिया प्राप्त करें और उस पर कार्रवाई करें: अपने ग्राहकों से प्रतिक्रिया प्राप्त करना और उस पर

कार्रवाई करना महत्वपूर्ण है। इससे आपको यह समझने में मदद मिलेगी कि आपके ग्राहक आपके उत्पाद या सेवा के बारे में क्या सोचते हैं और आप इसे कैसे सुधार सकते हैं।

- अपने कर्मचारियों को प्रशिक्षित और सशक्त बनाएं: अपने कर्मचारियों को प्रशिक्षित और सशक्त बनाना महत्वपूर्ण है ताकि वे आपके ग्राहकों को उच्चतम गुणवत्ता वाली सेवा प्रदान कर सकें।
- नवीनता के लिए प्रतिबद्ध रहें: नवीनता के लिए प्रतिबद्ध रहना महत्वपूर्ण है ताकि आप अपने उत्पादों या सेवाओं को लगातार बेहतर बना सकें और अपने ग्राहकों को सबसे अच्छा संभव अनुभव प्रदान कर सकें।

उच्च गुणवत्ता वाले उत्पाद या सेवाएं बनाने और प्रदान करना एक आसान काम नहीं है, लेकिन यह एक महत्वपूर्ण काम है। यदि आप अपने व्यवसाय को सफल बनाना चाहते हैं, तो आपको अपने ग्राहकों को उच्चतम गुणवत्ता वाले उत्पाद या सेवाएं प्रदान करने के लिए प्रतिबद्ध होना चाहिए।

यहाँ कुछ विशिष्ट उदाहरण दिए गए हैं कि विभिन्न प्रकार के व्यवसाय उच्च गुणवत्ता वाले उत्पाद या सेवाएं कैसे बनाते और प्रदान करते हैं:

- ई-कॉमर्स व्यवसाय: ई-कॉमर्स व्यवसाय उच्च गुणवत्ता वाले उत्पादों को बेचने के लिए अपने आपूर्तिकर्ताओं का सावधानीपूर्वक चयन करते हैं। वे यह भी सुनिश्चित करते हैं कि उनके उत्पादों को सावधानीपूर्वक पैक और भेज दिया जाए

अपनी आपूर्ति श्रृंखला का प्रबंधन

आपूर्ति श्रृंखला प्रबंधन (SCM) एक व्यवसाय के लिए अपने उत्पादों या सेवाओं को बनाने और वितरित करने के लिए आवश्यक प्रक्रियाओं का समन्वय है। इसमें कच्चे माल और घटकों की सोर्सिंग, उत्पादन, और वितरण शामिल है।

एक अच्छी तरह से प्रबंधित आपूर्ति श्रृंखला किसी भी व्यवसाय के लिए महत्वपूर्ण है। यह व्यवसाय को अपने ग्राहकों को समय पर और किफायती तरीके से उच्च गुणवत्ता वाले उत्पाद या सेवाएं प्रदान करने में मदद करता है।

आपूर्ति श्रृंखला प्रबंधन एक जटिल प्रक्रिया है, लेकिन यह कुछ सरल चरणों में विभाजित किया जा सकता है:

1. अपनी आपूर्ति श्रृंखला का मानचित्रण करें: पहला कदम अपनी आपूर्ति श्रृंखला का मानचित्रण करना है। इसका मतलब यह समझना है कि आपके उत्पाद या सेवा को बनाने और वितरित करने के लिए कौन से आपूर्तिकर्ता, प्रक्रियाएं और चैनल शामिल हैं।

2. अपने आपूर्तिकर्ताओं का चयन करें: एक बार जब आप अपनी आपूर्ति श्रृंखला को मैप कर लेते हैं, तो आपको अपने आपूर्तिकर्ताओं का चयन करने की आवश्यकता होती है। अपने आपूर्तिकर्ताओं का चयन करते समय, आपको उनकी गुणवत्ता, कीमत, विश्वसनीयता और वितरण क्षमताओं पर विचार करना चाहिए।

3. अपना उत्पादन प्रबंधित करें: एक बार जब आपके पास आपूर्तिकर्ता हो जाते हैं, तो आपको अपना उत्पादन प्रबंधित करने की आवश्यकता होती है। इसका मतलब यह सुनिश्चित

करना है कि आपके उत्पाद या सेवा को समय पर और किफायती तरीके से उत्पादित किया जा रहा है।

4. **अपनी आपूर्ति श्रृंखला का अनुकूलन करें:** अपनी आपूर्ति श्रृंखला को अनुकूलित करने का मतलब यह है कि इसे अधिक कुशल और प्रभावी बनाने के लिए लगातार सुधार करना है। इसमें लागत कम करना, गुणवत्ता बढ़ाना और डिलीवरी समय कम करना शामिल हो सकता है।

5. **अपनी आपूर्ति श्रृंखला की निगरानी करें:** अपनी आपूर्ति श्रृंखला की निगरानी करने का मतलब यह है कि यह सुनिश्चित करने के लिए लगातार जांच करना है कि यह योजना के अनुसार काम कर रहा है। इसमें आपूर्ति स्तरों की निगरानी करना, उत्पादन प्रगति की निगरानी करना और वितरण समय की निगरानी करना शामिल हो सकता है।

आपूर्ति श्रृंखला प्रबंधन करते समय निम्नलिखित बातों का ध्यान रखें:

- **अपने आपूर्तिकर्ताओं के साथ अच्छे संबंध बनाए रखें:** अपने आपूर्तिकर्ताओं के साथ अच्छे संबंध बनाए रखना महत्वपूर्ण है। इससे आपको अपने आपूर्तिकर्ताओं से बेहतर कीमतें और सेवा प्राप्त करने में मदद मिलेगी।

- **अपने आपूर्ति श्रृंखला में लचीलापन बनाए रखें:** आपूर्ति श्रृंखला में व्यवधान हमेशा होते रहते हैं। अपनी आपूर्ति श्रृंखला में लचीलापन बनाए रखकर, आप इन व्यवधानों के प्रभाव को कम कर सकते हैं।

- **अपनी आपूर्ति श्रृंखला को डिजिटाइज़ करें:** अपनी आपूर्ति श्रृंखला को डिजिटाइज़ करने से आपको अपनी आपूर्ति श्रृंखला को अधिक कुशल और प्रभावी ढंग से प्रबंधित करने में मदद मिल सकती है। आप डेटा एनालिटिक्स और आर्टिफिशियल इंटेलिजेंस

(एआई) का उपयोग अपनी आपूर्ति श्रृंखला को बेहतर ढंग से समझने और निर्णय लेने के लिए कर सकते हैं।

आपूर्ति श्रृंखला प्रबंधन कोई आसान काम नहीं है, लेकिन यह एक महत्वपूर्ण काम है। यदि आप अपने व्यवसाय को सफल बनाना चाहते हैं, तो आपको अपनी आपूर्ति श्रृंखला का प्रभावी ढंग से प्रबंधन करने की आवश्यकता है।

यहाँ कुछ विशिष्ट उदाहरण दिए गए हैं कि विभिन्न प्रकार के व्यवसाय अपनी आपूर्ति श्रृंखलाओं का प्रबंधन कैसे करते हैं:

- ई-कॉमर्स व्यवसाय: ई-कॉमर्स व्यव

उत्कृष्ट ग्राहक सेवा प्रदान करना

किसी भी व्यवसाय के लिए उत्कृष्ट ग्राहक सेवा प्रदान करना महत्वपूर्ण है। यह आपके ग्राहकों को आपसे और आपके व्यवसाय से जुड़ने के लिए प्रेरित करता है, और यह आपको अपने प्रतिस्पर्धियों से अलग करता है।

उत्कृष्ट ग्राहक सेवा प्रदान करने के लिए, आपको निम्नलिखित चरणों का पालन करना चाहिए:

1. अपने ग्राहकों को जानें: अपने ग्राहकों को जानना महत्वपूर्ण है। इससे आपको यह समझने में मदद मिलेगी कि उनकी जरूरतें और इच्छाएं क्या हैं, और आप उन्हें कैसे बेहतर ढंग से सेवा दे सकते हैं।

2. अपने ग्राहकों से अपेक्षाओं को समझें: अपने ग्राहकों से अपेक्षाओं को समझना महत्वपूर्ण है। इससे आपको यह सुनिश्चित करने में मदद मिलेगी कि आपकी सेवाएं उनकी अपेक्षाओं को पूरा करती हैं या उससे अधिक हैं।

3. अपने ग्राहकों के साथ सम्मान और शिष्टता से व्यवहार करें: अपने ग्राहकों के साथ सम्मान और शिष्टता से व्यवहार करना महत्वपूर्ण है। इससे उन्हें दिखाएगा कि आप उनकी कद्र करते हैं और उनकी संतुष्टि आपकी प्राथमिकता है।

4. अपने ग्राहकों की शिकायतों को सुनें और उनका समाधान करें: अपने ग्राहकों की शिकायतों को सुनना और उनका समाधान करना महत्वपूर्ण है। इससे उन्हें दिखाएगा कि आप उनकी चिंताओं को सुन रहे हैं और उन्हें दूर करने के लिए प्रतिबद्ध हैं।

5. अपने ग्राहकों को अतिरिक्त मील जाकर सेवा दें: अपने ग्राहकों को अतिरिक्त मील जाकर सेवा देने से आप अपने ग्राहकों को दिखा सकते हैं कि आप उन्हें महत्व देते हैं और उनके लिए सबसे अच्छा संभव अनुभव प्रदान करने के लिए प्रतिबद्ध हैं।

उत्कृष्ट ग्राहक सेवा प्रदान करने के लिए निम्नलिखित युक्तियों को ध्यान में रखें:

- अपने कर्मचारियों को प्रशिक्षित करें: अपने कर्मचारियों को उत्कृष्ट ग्राहक सेवा प्रदान करने के लिए प्रशिक्षित करना महत्वपूर्ण है। इससे यह सुनिश्चित करने में मदद मिलेगी कि आपके सभी कर्मचारी आपके ग्राहकों को समान स्तर की सेवा प्रदान कर रहे हैं।

- अपने ग्राहकों की प्रतिक्रिया प्राप्त करें और उस पर कार्रवाई करें: अपने ग्राहकों से प्रतिक्रिया प्राप्त करना और उस पर कार्रवाई करना महत्वपूर्ण है। इससे आपको यह समझने में मदद मिलेगी कि आपके ग्राहक आपकी सेवाओं के बारे में क्या सोचते हैं और आप उन्हें कैसे सुधार सकते हैं।

- अपने ग्राहकों को मूल्य प्रदान करें: अपने ग्राहकों को मूल्य प्रदान करना महत्वपूर्ण है। इसका मतलब है उन्हें वह देना जो वे चाहते हैं और जिसकी उन्हें आवश्यकता है, और इससे भी अधिक।

- अपना वचन निभाइए: अपने ग्राहकों से किए गए वादों को पूरा करना महत्वपूर्ण है। यह आपको अपने ग्राहकों का विश्वास और सम्मान अर्जित करने में मदद करेगा।

उत्कृष्ट ग्राहक सेवा प्रदान करना कोई आसान काम नहीं है, लेकिन यह एक महत्वपूर्ण काम है। यदि आप अपने व्यवसाय को सफल बनाना चाहते हैं, तो आपको अपने ग्राहकों को उत्कृष्ट ग्राहक सेवा प्रदान करने के लिए प्रतिबद्ध होना चाहिए।

यहाँ कुछ विशिष्ट उदाहरण दिए गए हैं कि कैसे विभिन्न प्रकार के व्यवसाय उत्कृष्ट ग्राहक सेवा प्रदान करते हैं:

- ई-कॉमर्स व्यवसाय: ई-कॉमर्स व्यवसाय अपने ग्राहकों को सुविधाजनक और आसान रिटर्न प्रक्रिया प्रदान करके उत्कृष्ट ग्राहक सेवा प्रदान करते हैं। वे अपने ग्राहकों को 24/7 ग्राहक सहायता प्रदान करके भी उत्कृष्ट ग्राहक सेवा प्रदान करते हैं।

- सॉफ्टवेयर व्यवसाय: सॉफ्टवेयर व्यवसाय अपने ग्राहकों को समय पर और उत्तरदायी तकनीकी सहायता प्रदान करके उत्कृष्ट ग्राहक सेवा प्रदान करते हैं। वे अपने ग्राहकों को मुफ्त परीक्षण या डेमो देकर भी उत्कृष्ट ग्राहक सेवा प्रदान करते हैं।

- सर्विस व्यवसाय: सर्विस व्यवसाय अपने ग्राहकों को व्यक्तिगत और ध्यानपूर्ण सेवा प्रदान करके उत्कृष्ट ग्राहक सेवा प्रदान करते हैं। वे अपने ग्राहकों को समय पर और पूर्ण रूप से सेवाएं प्रदान करके भी उत्कृष्ट ग्राहक सेवा प्रदान करते हैं।

उत्कृष्ट ग्राहक सेवा आपके व्यवसाय के लिए एक महत्वपूर्ण निवेश है। यह आपके ग्राहकों को आपसे और आपके व्यवसाय से जुड़ने के लिए प्रेरित करता है, यह आपको अपने प्रतिस्पर्धियों से अलग करता है, और यह आपको अपनी बिक्री बढ़ाने

अपने वित्त का प्रबंधन

किसी भी व्यवसाय के लिए अपने वित्त का प्रबंधन करना महत्वपूर्ण है। यह आपको अपने खर्चों को नियंत्रित करने, अपने लाभ को बढ़ाने और अपने व्यवसाय के विकास के लिए वित्त जुटाने में मदद करता है।

अपने वित्त का प्रबंधन करने के लिए, आपको निम्नलिखित चरणों का पालन करना चाहिए:

1. अपनी आय और व्यय को ट्रैक करें: अपनी आय और व्यय को ट्रैक करना यह समझने का पहला कदम है कि आपका पैसा कहां जा रहा है। आप एक स्प्रैडशीट या एक वित्तीय प्रबंधन ऐप का उपयोग करके अपनी आय और व्यय को ट्रैक कर सकते हैं।

2. एक बजट बनाएं: एक बजट बनाने से आपको अपने खर्चों को नियंत्रित करने और अपने लक्ष्यों को प्राप्त करने में मदद मिलेगी। बजट बनाते समय, अपनी आय और व्यय पर विचार करें और अपने लक्ष्यों को निर्धारित करें।

3. अपनी देनदारियों का भुगतान करें: समय पर अपनी देनदारियों का भुगतान करना महत्वपूर्ण है। इससे आपका क्रेडिट स्कोर अच्छा रहेगा और आपको भविष्य में उधार लेना आसान हो जाएगा।

4. निवेश करें: अपने व्यवसाय के विकास के लिए अपने पैसे का निवेश करना महत्वपूर्ण है। आप अपनी कार्यशील पूंजी को बढ़ाने के लिए, नए उपकरण खरीदने के लिए, या नए कर्मचारियों को काम पर रखने के लिए निवेश कर सकते हैं।

5. अपने वित्त की समीक्षा करें: समय-समय पर अपने वित्त की समीक्षा करना महत्वपूर्ण है। इससे आपको यह सुनिश्चित करने में

मदद मिलेगी कि आप अपने बजट पर हैं और अपने लक्ष्यों को प्राप्त कर रहे हैं।

अपने वित्त का प्रबंधन करते समय निम्नलिखित युक्तियों को ध्यान में रखें:

- अपने खर्चों को कम करें: अपने खर्चों को कम करने के लिए, हर महीने अपने खर्चों की समीक्षा करें और देखें कि कहां कटौती कर सकते हैं। आप अपने गैर-जरूरी खर्चों को कम करके, सस्ते विकल्पों पर स्विच करके, या अपने खर्चों को समेकित करके अपने खर्चों को कम कर सकते हैं।

- अपनी आय बढ़ाएं: अपनी आय बढ़ाने के लिए, अपने बिक्री बढ़ाने के लिए नए तरीके खोजें, नई सेवाएं या उत्पाद पेश करें, या अपनी कीमतें बढ़ाएं। आप अपनी आय बढ़ाने के लिए अंशकालिक नौकरी भी कर सकते हैं।

- एक आपातकालीन निधि बनाएं: एक आपातकालीन निधि बनाने से आपको अप्रत्याशित खर्चों को पूरा करने में मदद मिलेगी, जैसे कि चिकित्सा आपातकालीन स्थिति या नौकरी छूटना। आप अपनी आय का एक निश्चित प्रतिशत एक आपातकालीन निधि में बचत करके एक आपातकालीन निधि बना सकते हैं।

- वित्तीय सलाह लें: यदि आप अपने वित्त के प्रबंधन के बारे में निश्चित नहीं हैं, तो एक वित्तीय सलाहकार से संपर्क करें। एक वित्तीय सलाहकार आपको अपनी आय और व्यय को ट्रैक करने, बजट बनाने, निवेश करने और अपने वित्त की समीक्षा करने में मदद कर सकता है।

अपने वित्त का प्रबंधन कोई आसान काम नहीं है, लेकिन यह एक महत्वपूर्ण काम है। यदि आप अपने व्यवसाय को सफल बनाना चाहते हैं, तो आपको अपने वित्त का प्रभावी ढंग से प्रबंधन करना चाहिए।

यहाँ कुछ विशिष्ट उदाहरण दिए गए हैं कि कैसे विभिन्न प्रकार के व्यवसाय अपने वित्त का प्रबंधन करते हैं:

- ई-कॉमर्स व्यवसाय: ई-कॉमर्स व्यवसाय अपने इन्वेंट्री, विज्ञापन और शिपिंग लागतों को ट्रैक करके और अपनी बिक्री बढ़ाने के लिए नए तरीके खोजकर अपने वित्त का प्रबंधन करते हैं। वे अपने वित्त को प्रबंधित करने के लिए वित्तीय प्रबंधन ऐप्स का भी उपयोग करते हैं।

- सॉफ्टवेयर व्यवसाय: सॉफ्टवेयर व्यवसाय अपने अनुसंधान और विकास लागतों को ट्रैक करके और अपने ग्राहकों को सबसे अच्छा संभव अनुभव प्रदान करने के लिए नए उत्पादों और सेवाओं को विकसित करके अपने वित्त का प्रबंधन करते हैं। वे

Chapter 5: Growth and Innovation

Chapter 5: वृद्धि और नवाचार

अपने व्यवसाय को स्केल करना

अपने व्यवसाय को स्केल करने का अर्थ है इसे बड़ा और अधिक लाभदायक बनाना। यह एक चुनौतीपूर्ण काम हो सकता है, लेकिन यह एक आवश्यक काम है यदि आप अपने व्यवसाय को सफल बनाना चाहते हैं।

अपने व्यवसाय को स्केल करने के लिए, आपको निम्नलिखित चरणों का पालन करना चाहिए:

1. अपने व्यवसाय के लक्ष्यों को परिभाषित करें: अपने व्यवसाय को स्केल करने से पहले, आपको अपने व्यवसाय के लक्ष्यों को परिभाषित करना होगा। आप अपने व्यवसाय को कितना बड़ा बनाना चाहते हैं? आप कितना लाभ कमाना चाहते हैं? अपने लक्ष्यों को परिभाषित करने से आपको यह निर्धारित करने में मदद मिलेगी कि आपको अपने व्यवसाय को स्केल करने के लिए क्या कदम उठाने की आवश्यकता है।

2. अपने व्यवसाय मॉडल का मूल्यांकन करें: एक बार जब आपके पास अपने व्यवसाय के लक्ष्य हों, तो आपको अपने व्यवसाय मॉडल का मूल्यांकन करना होगा। क्या आपका व्यवसाय मॉडल स्केलिंग के लिए उपयुक्त है? यदि नहीं, तो आपको अपने व्यवसाय मॉडल को बदलने की आवश्यकता हो सकती है।

3. अपने बाजार का विश्लेषण करें: अपने व्यवसाय को स्केल करने से पहले, आपको अपने बाजार का विश्लेषण करना होगा। आपके बाजार का आकार कितना है? आपके बाजार में किन

रुझानों का अनुभव हो रहा है? आपके बाजार की प्रतिस्पर्धा कैसी है? अपने बाजार का विश्लेषण करने से आपको यह निर्धारित करने में मदद मिलेगी कि आपके व्यवसाय के लिए कौन से बाज़ार सबसे आकर्षक हैं।

4. एक स्केलिंग योजना विकसित करें: एक बार जब आपके पास अपने व्यवसाय के लक्ष्य, एक उपयुक्त व्यवसाय मॉडल और अपने बाजार का विश्लेषण हो, तो आपको एक स्केलिंग योजना विकसित करने की आवश्यकता है। आपकी स्केलिंग योजना में यह शामिल होना चाहिए कि आप अपने बाजार हिस्से को कैसे बढ़ाएंगे, अपनी बिक्री कैसे बढ़ाएंगे और अपनी लागत को कम कैसे करेंगे।

5. अपनी टीम को बढ़ाएं और प्रशिक्षित करें: अपने व्यवसाय को स्केल करने के लिए, आपको अपनी टीम को बढ़ाना और प्रशिक्षित करना होगा। आपको ऐसे कर्मचारियों को नियुक्त करने की आवश्यकता है जो आपके व्यवसाय के लक्ष्यों को प्राप्त करने में आपकी मदद कर सकें। आपको अपने कर्मचारियों को यह प्रशिक्षित करने की भी आवश्यकता है कि वे आपके व्यवसाय के मानकों के अनुसार काम करें।

6. अपनी प्रक्रियाओं को स्वचालित करें: अपने व्यवसाय को स्केल करने के लिए, आपको अपनी प्रक्रियाओं को स्वचालित करना होगा। यह आपको समय और पैसा बचाने में मदद करेगा, और यह यह सुनिश्चित करने में भी मदद करेगा कि आपके व्यवसाय की प्रक्रियाएं कुशल और प्रभावी हैं।

7. अपने व्यवसाय को डिजिटाइज़ करें: अपने व्यवसाय को डिजिटाइज़ करने से आपको अपने व्यवसाय को अधिक कुशल और प्रभावी ढंग से प्रबंधित करने में मदद मिलेगी। यह आपको अपने ग्राहकों से बेहतर तरीके से जुड़ने और अपने बाजार में अपनी पहुंच बढ़ाने में भी मदद करेगा।

8. अपने व्यवसाय को नए बाजारों में विस्तारित करें: एक बार जब आपने अपने मूल बाजार में सफलता प्राप्त कर ली है, तो आप अपने व्यवसाय को नए बाजारों में विस्तारित करना शुरू कर सकते हैं। यह आपको अपनी बिक्री बढ़ाने और अपने व्यवसाय के जोखिम को कम करने में मदद करेगा।

अपने व्यवसाय को स्केल करना कोई आसान काम नहीं है, लेकिन यह एक आवश्यक काम है यदि आप अपने व्यवसाय को सफल बनाना चाहते हैं। ऊपर दिए गए चरणों का पालन करके, आप अपने व्यवसाय को स्केल करने और अपने लक्ष्यों को प्राप्त करने की अपनी संभावना बढ़ा सकते हैं।

यहाँ कुछ विशिष्ट उदाहरण दिए गए हैं कि कैसे विभिन्न प्रकार के व्यवसाय अपने व्यवसायों को स्केल करते हैं:

- ई-कॉमर्स व्यवसाय: ई-कॉमर्स व्यवसाय अपने व्यवसायों को नए उत्पादों को जोड़कर, नए बाजारों में विस्तारित करके और अपनी प्रक्रियाओं को स्वचालित करके स्केल करते हैं।

नए बाजारों में विस्तार

किसी भी व्यवसाय के लिए नए बाजारों में विस्तार एक महत्वपूर्ण कदम है। यह आपको अपनी बिक्री बढ़ाने, अपने व्यवसाय के जोखिम को कम करने और नए अवसरों का पता लगाने में मदद कर सकता है।

नए बाजारों में विस्तार करने से पहले, आपको निम्नलिखित चरणों का पालन करना चाहिए:

1. अपने लक्ष्य बाजारों का चयन करें: आपको यह निर्धारित करना होगा कि आप किन नए बाजारों में विस्तार करना चाहते हैं। ऐसा करने के लिए, आपको अपने वर्तमान बाजार का विश्लेषण करना होगा और उन बाजारों को पहचानना होगा जिनमें आपके उत्पादों या सेवाओं की मांग है। आपको यह भी विचार करना होगा कि आपके किन प्रतिस्पर्धियों ने पहले से ही उन बाजारों में विस्तार किया है और आप उनसे कैसे अलग होंगे।

2. अपनी मार्केटिंग और बिक्री रणनीति विकसित करें: एक बार जब आप अपने लक्ष्य बाजारों का चयन कर लेते हैं, तो आपको अपनी मार्केटिंग और बिक्री रणनीति विकसित करने की आवश्यकता है। आपको यह निर्धारित करना होगा कि आप अपने लक्ष्य बाजारों से कैसे पहुंचेंगे और उन्हें अपने उत्पादों या सेवाओं को कैसे बेचेंगे। आपको यह भी विचार करना होगा कि आप अपनी मार्केटिंग और बिक्री लागतों को कैसे कम रखेंगे।

3. अपनी आपूर्ति श्रृंखला को प्रबंधित करें: अपने नए बाजारों तक पहुंचने के लिए, आपको एक कुशल और प्रभावी आपूर्ति श्रृंखला विकसित करने की आवश्यकता होगी। आपको यह सुनिश्चित करना होगा कि आपके उत्पाद या सेवाएं आपके नए बाजारों में समय पर और लागत प्रभावी तरीके से पहुंचाई जा रही हैं।

4. अपने स्थानीय कर्मचारियों को प्रशिक्षित करें: यदि आप अपने नए बाजारों में स्थानीय कर्मचारियों को नियुक्त करने की योजना बना रहे हैं, तो आपको उन्हें अपने व्यवसाय के बारे में और आपके लक्ष्य बाजारों के बारे में प्रशिक्षित करने की आवश्यकता होगी। आपको यह सुनिश्चित करना होगा कि आपके कर्मचारी आपके व्यवसाय के मानकों के अनुसार काम कर रहे हैं और वे आपके ग्राहकों को सर्वोत्तम संभव सेवा प्रदान कर रहे हैं।

5. अपनी कंपनी संस्कृति का निर्माण करें: अपने नए बाजारों में अपनी कंपनी संस्कृति का निर्माण करना महत्वपूर्ण है। यह आपको अपने कर्मचारियों को एकजुट करने और उन्हें आपके व्यवसाय के लक्ष्यों को प्राप्त करने में मदद करेगा। आपको अपने कर्मचारियों को यह महसूस कराने की आवश्यकता है कि वे आपकी कंपनी का एक मूल्यवान हिस्सा हैं और आप उनके करियर विकास में रुचि रखते हैं।

नए बाजारों में विस्तार करते समय निम्नलिखित युक्तियों को ध्यान में रखें:

- अच्छी तरह से शोध करें: नए बाजारों में विस्तार करने से पहले, आपको उन बाजारों का अच्छी तरह से शोध करना चाहिए। आपको उन बाजारों की संस्कृति, अर्थव्यवस्था और प्रतिस्पर्धा को समझने की आवश्यकता है।

- धीरे-धीरे विस्तार करें: नए बाजारों में विस्तार करने के लिए धैर्य और अनुशासन की आवश्यकता होती है। आपको धीरे-धीरे विस्तार करना चाहिए और एक समय में एक ही बाजार पर ध्यान देना चाहिए।

- स्थानीय भागीदारों के साथ काम करें: नए बाजारों में विस्तार करते समय, स्थानीय भागीदारों के साथ काम करने पर विचार करें। स्थानीय भागीदार आपको उन बाजारों की संस्कृति और

प्रतिस्पर्धा को बेहतर ढंग से समझने में मदद कर सकते हैं और वे आपको अपने उत्पादों या सेवाओं को उन बाजारों में अधिक प्रभावी ढंग से बेचने में मदद कर सकते हैं।

- अपने ग्राहकों को सुनें: अपने नए बाजारों में अपने ग्राहकों की जरूरतों और इच्छाओं को सुनना महत्वपूर्ण है। इससे आपको अपने उत्पादों या सेवाओं को उन बाजारों की जरूरतों के अनुरूप बनाने में मदद मिलेगी।

- अपनी प्रक्रियाओं को स्वचालित करें: अपने नए बाजारों में अपने व्यवसाय को कुशल और प्रभावी ढंग से प्रबंधित करने के लिए अपनी प्रक्रिया

नए उत्पाद या सेवाएं विकसित करना

किसी भी व्यवसाय के लिए नए उत्पाद या सेवाएं विकसित करना महत्वपूर्ण है। यह आपको अपने ग्राहकों की जरूरतों को पूरा करने के लिए नया तरीके खोजने में मदद करता है, अपने प्रतिस्पर्धियों से अलग करता है और अपने व्यवसाय के विकास को चलाता है।

नए उत्पाद या सेवाएं विकसित करने के लिए, आपको निम्नलिखित चरणों का पालन करना चाहिए:

1. अपने लक्षित बाजार की जरूरतों और इच्छाओं को समझें: नए उत्पाद या सेवाएं विकसित करने से पहले, आपको अपने लक्षित बाजार की जरूरतों और इच्छाओं को समझना होगा। ऐसा करने के लिए, आपको अपने ग्राहकों से बात करनी होगी, उनकी प्रतिक्रिया प्राप्त करनी होगी और उनके व्यवहार का अध्ययन करना होगा।

2. उभरते रुझानों का विश्लेषण करें: नए उत्पाद या सेवाएं विकसित करते समय, उभरते रुझानों का विश्लेषण करना महत्वपूर्ण है। इससे आपको यह निर्धारित करने में मदद मिलेगी कि कौन से रुझान आपके लक्षित बाजार के लिए महत्वपूर्ण हैं और आप इन रुझानों को अपने उत्पादों या सेवाओं में कैसे शामिल कर सकते हैं।

3. नए विचारों को उत्पन्न करें: एक बार जब आप अपने लक्षित बाजार की जरूरतों और इच्छाओं को समझ जाते हैं और उभरते रुझानों का विश्लेषण कर लेते हैं, तो आपको नए विचारों को उत्पन्न करने की आवश्यकता है। ऐसा करने के लिए, आप विभिन्न तकनीकों का उपयोग कर सकते हैं, जैसे कि मंथन, विचारों का नक्शा बनाना और प्रोटोटाइपिंग।

4. अपने विचारों का मूल्यांकन और चयन करें: एक बार जब आपके पास नए विचारों की एक सूची हो, तो आपको अपने विचारों का मूल्यांकन और चयन करने की आवश्यकता है। ऐसा करते समय, आपको विचारों की व्यवहार्यता, लाभ क्षमता और आपके व्यवसाय के साथ उनके फिट पर विचार करना चाहिए।

5. विकास प्रक्रिया शुरू करें: एक बार जब आपने अपने नए उत्पाद या सेवा का विचार चुन लिया है, तो आपको विकास प्रक्रिया शुरू करने की आवश्यकता है। इसमें आपके उत्पाद या सेवा की डिजाइन, विकास और परीक्षण शामिल है।

6. अपने उत्पाद या सेवा को लॉन्च करें: एक बार जब आपका उत्पाद या सेवा तैयार हो जाता है, तो आपको इसे लॉन्च करने की आवश्यकता है। इसमें अपने उत्पाद या सेवा को अपने लक्षित बाजार तक पहुंचाने और उन्हें इसे खरीदने के लिए प्रेरित करना शामिल है।

नए उत्पाद या सेवाएं विकसित करते समय निम्नलिखित युक्तियों को ध्यान में रखें:

- अपने ग्राहकों को शामिल करें: अपने नए उत्पाद या सेवा को विकसित करते समय, अपने ग्राहकों को शामिल करना महत्वपूर्ण है। इससे आपको यह सुनिश्चित करने में मदद मिलेगी कि आपका उत्पाद या सेवा वास्तव में आपके ग्राहकों की जरूरतों और इच्छाओं को पूरा करता है।

- नवाचार करें: नई प्रौद्योगिकियों और प्रक्रियाओं को अपनाकर नवाचार करना महत्वपूर्ण है। इससे आपको अपने उत्पादों या सेवाओं में नई विशेषताएं और लाभ जोड़ने में मदद मिलेगी।

- अपने प्रतिस्पर्धियों से सीखें: अपने प्रतिस्पर्धियों के उत्पादों और सेवाओं का विश्लेषण करें और उनसे सीखें। इससे आपको यह

निर्धारित करने में मदद मिलेगी कि आप अपने उत्पादों या सेवाओं को कैसे बेहतर बना सकते हैं।

- अपने उत्पादों या सेवाओं को लगातार अपडेट करें: अपने उत्पादों या सेवाओं को लगातार अपडेट करना महत्वपूर्ण है ताकि वे आपके ग्राहकों की जरूरतों और इच्छाओं को पूरा करते रहें। आपको उभरते रुझानों के अनुसार अपने उत्पादों या सेवाओं को अपडेट करना चाहिए।

- अपने उत्पादों या सेवाओं का प्रचार करें: अपने नए उत्पाद या सेवा को लॉन्च करने के बाद, आपको इसका प्रचार करना होगा ताकि आपके लक्षित बाजार को इसके बारे में पता चले। आप विभिन्न मार्केटिंग तकनीकों का उपयोग करके अपने उत्पाद या सेवा का प्रचार कर सकते हैं, जैसे कि सोशल मीडिया मार्केटिंग, सर्च इंजन ऑप्टिमाइज़ेशन (SEO) और पेड पर क्लिक (PPC) विज्ञापन।

नए उत्पाद या सेवाएं विकसित करना कोई आसान काम नहीं है, लेकिन यह एक महत्वपूर्ण काम है। यदि आप अपने व्यवसाय को स

प्रतियोगिता से आगे रहना

किसी भी व्यवसाय के लिए प्रतियोगिता से आगे रहना महत्वपूर्ण है। यह आपको अपने ग्राहकों को आकर्षित करने और बनाए रखने में मदद करता है, और यह आपके व्यवसाय के विकास को चलाता है।

प्रतियोगिता से आगे रहने के लिए, आपको निम्नलिखित चरणों का पालन करना चाहिए:

1. अपने प्रतिस्पर्धियों को जानें: अपने प्रतिस्पर्धियों को जानना महत्वपूर्ण है। इससे आपको यह समझने में मदद मिलेगी कि वे कौन हैं, वे क्या पेशकश कर रहे हैं, और वे अपने ग्राहकों को कैसे आकर्षित और बनाए रख रहे हैं।

2. अपनी ताकत और कमजोरियों का विश्लेषण करें: अपनी ताकत और कमजोरियों का विश्लेषण करना महत्वपूर्ण है। इससे आपको यह समझने में मदद मिलेगी कि आप अपने प्रतिस्पर्धियों से बेहतर क्या करते हैं और आपको किन क्षेत्रों में सुधार करने की आवश्यकता है।

3. अपनी मूल्य प्रस्ताव को परिभाषित करें: अपनी मूल्य प्रस्ताव को परिभाषित करना महत्वपूर्ण है। इससे आपको यह समझने में मदद मिलेगी कि आपके व्यवसाय को अद्वितीय क्या बनाता है और आप अपने ग्राहकों को क्या विशिष्ट मूल्य प्रदान कर रहे हैं।

4. नवाचार करें: नवाचार करना महत्वपूर्ण है ताकि आप अपने प्रतिस्पर्धियों से आगे रह सकें। नवाचार में नए उत्पाद या सेवाएं विकसित करना, नई प्रौद्योगिकियों को अपनाना, और नई व्यावसायिक प्रक्रियाएं विकसित करना शामिल है।

5. अपने ग्राहकों की प्रतिक्रिया प्राप्त करें और उस पर कार्रवाई करें: अपने ग्राहकों की प्रतिक्रिया प्राप्त करना और उस पर

कार्रवाई करना महत्वपूर्ण है। इससे आपको यह सुनिश्चित करने में मदद मिलेगी कि आप अपने ग्राहकों की जरूरतों और इच्छाओं को पूरा कर रहे हैं।

6. अपने ब्रांड को मजबूत करें: अपने ब्रांड को मजबूत करना महत्वपूर्ण है ताकि आप अपने प्रतिस्पर्धियों से अलग हो सकें और अपने ग्राहकों के बीच एक मजबूत पहचान बना सकें। अपने ब्रांड को मजबूत करने के लिए, आपको अपनी कंपनी की संस्कृति, मूल्यों और मिशन को स्पष्ट रूप से परिभाषित करना होगा और आपको इन मूल्यों को अपने सभी संचार और मार्केटिंग सामग्री में प्रतिबिंबित करना होगा।

प्रतियोगिता से आगे रहने के लिए निम्नलिखित युक्तियों को ध्यान में रखें:

- अपने ग्राहकों को केंद्र में रखें: अपने सभी निर्णय लेते समय अपने ग्राहकों को केंद्र में रखना महत्वपूर्ण है। इससे आपको यह सुनिश्चित करने में मदद मिलेगी कि आप अपने ग्राहकों की जरूरतों और इच्छाओं को पूरा कर रहे हैं।
- अपने कर्मचारियों को सशक्त बनाएं: अपने कर्मचारियों को सशक्त बनाना महत्वपूर्ण है ताकि वे अपने काम को बेहतर तरीके से कर सकें और आपके ग्राहकों को बेहतर सेवा प्रदान कर सकें।
- अपनी प्रक्रियाओं को लगातार सुधारें: अपनी प्रक्रियाओं को लगातार सुधारना महत्वपूर्ण है ताकि आप अपनी लागत कम कर सकें, अपनी दक्षता बढ़ा सकें और अपने ग्राहकों को बेहतर सेवा प्रदान कर सकें।
- अपने व्यवसाय को डिजिटाइज़ करें: अपने व्यवसाय को डिजिटाइज़ करना महत्वपूर्ण है ताकि आप अपनी प्रक्रियाओं को

अधिक कुशल और प्रभावी बना सकें और अपने ग्राहकों को बेहतर सेवा प्रदान कर सकें।

- अपने व्यवसाय को नए बाजारों में विस्तारित करें: अपने व्यवसाय को नए बाजारों में विस्तारित करना महत्वपूर्ण है ताकि आप अपनी बिक्री बढ़ा सकें और अपने व्यवसाय के जोखिम को कम कर सकें।

प्रतियोगिता से आगे रहना कोई आसान काम नहीं है, लेकिन यह एक महत्वपूर्ण काम है। यदि आप अपने व्यवसाय को सफल बनाना चाहते हैं, तो आपको प्रतियोगिता से आगे रहने के लिए उपरोक्त चरणों का पालन करना चाहिए।

यहाँ कुछ विशिष्ट उदाहरण दिए गए हैं कि कैसे विभिन्न प्रकार के व्यवसाय प्रतियोगिता से आगे रहते हैं:

- ई-कॉमर्स व्यवसाय: ई-कॉमर्स व्यवसाय अपने ग्राहकों को मुफ्त शिपिंग और रिटर्न, कम कीमतों और एक विस्तृत उत्पाद चयन प्रदान करके प्रतियोगिता से आगे रहते हैं।
- **सॉफ

Conclusion

निष्कर्ष

इस शीर्षक का हिंदी अनुवाद है:

मुख्य बिंदु (Mukh prain)

यह शीर्षक का सबसे प्रत्यक्ष और सटीक अनुवाद है। यह एक ऐसा शीर्षक भी है जो हिंदी बोलने वालों के लिए समझने और आकर्षक होने की संभावना है।

Key takeaways एक ऐसा शब्द है जो उन महत्वपूर्ण बिंदुओं को संदर्भित करता है जो किसी पाठ, प्रस्तुति या अन्य संचार से लिए जा सकते हैं। यह उन मुख्य सीखों को भी संदर्भित कर सकता है जो किसी अनुभव से प्राप्त किए गए हैं।

किसी भी संचार में, यह महत्वपूर्ण है कि आपके श्रोता या पाठक मुख्य बिंदुओं को समझें और याद रखें। यहीं से key takeaways की अवधारणा आती है। Key takeaways आपके संचार के सबसे महत्वपूर्ण भागों को उजागर करने में मदद करते हैं और आपके श्रोताओं या पाठकों को यह समझने में मदद करते हैं कि आप क्या सबसे महत्वपूर्ण बात कहने की कोशिश कर रहे हैं।

Key takeaways निम्न उद्देश्यों के लिए उपयोग किए जा सकते हैं:

- अपने संचार के मुख्य बिंदुओं को सारांशित करने के लिए
- अपने श्रोताओं या पाठकों को सबसे महत्वपूर्ण बातें याद रखने में मदद करने के लिए

- अपने संचार को अधिक प्रभावी और यादगार बनाने के लिए
- अपने संचार के बाद कार्रवाई करने के लिए अपने श्रोताओं या पाठकों को प्रेरित करने के लिए

यहाँ कुछ विशिष्ट उदाहरण दिए गए हैं कि कैसे key takeaways का उपयोग किया जा सकता है:

- बिजनेस प्रेजेंटेशन: एक व्यावसायिक प्रस्तुति में, आप अपने श्रोताओं को प्रस्तुति के मुख्य बिंदुओं को याद रखने में मदद करने के लिए प्रस्तुति के अंत में key takeaways की एक स्लाइड शामिल कर सकते हैं।
- ब्लॉग पोस्ट: एक ब्लॉग पोस्ट में, आप पोस्ट के मुख्य बिंदुओं को सारांशित करने के लिए पोस्ट के अंत में key takeaways की एक सूची शामिल कर सकते हैं।
- ई-मेल: एक ई-मेल में, आप महत्वपूर्ण बिंदुओं को हाइलाइट करने और पाठक को कार्रवाई करने के लिए प्रेरित करने के लिए ई-मेल के अंत में key takeaways की एक सूची शामिल कर सकते हैं।

Key takeaways का उपयोग करके, आप अपने संचार को अधिक प्रभावी और यादगार बना सकते हैं और अपने श्रोताओं या पाठकों को वांछित परिणाम प्राप्त करने में मदद कर सकते हैं।

इस शीर्षक का हिंदी अनुवाद है:

अधिक जानने के लिए संसाधन (Adhik jaanne ke liye sansadhan)

यह शीर्षक का सबसे प्रत्यक्ष और सटीक अनुवाद है। यह एक ऐसा शीर्षक भी है जो हिंदी बोलने वालों के लिए समझने और आकर्षक होने की संभावना है।

जब आप किसी विषय पर अधिक सीखना चाहते हैं, तो यह जानना मुश्किल हो सकता है कि कहाँ से शुरू करें। यहीं से resources for further learning की अवधारणा आती है। resources for further learning आपको उन संसाधनों की एक सूची प्रदान करते हैं जो किसी विशेष विषय के बारे में अधिक जानने में आपकी मदद कर सकते हैं।

resources for further learning में निम्नलिखित प्रकार के संसाधन शामिल हो सकते हैं:

- ** किताबें**
- आर्टिकल
- ब्लॉग पोस्ट
- वीडियो
- पॉडकास्ट
- ऑनलाइन पाठ्यक्रम
- सम्मेलन और कार्यशालाएं

resources for further learning आपके लिए उपयोगी हो सकते हैं यदि:

- आप किसी नए विषय के बारे में जानना शुरू करना चाहते हैं
- आप किसी विषय के बारे में अपनी समझ को गहरा करना चाहते हैं
- आप किसी विषय पर अपने ज्ञान को अपडेट करना चाहते हैं
- आप किसी विषय पर अपने कौशल को विकसित करना चाहते हैं

यहाँ कुछ विशिष्ट उदाहरण दिए गए हैं कि कैसे resources for further learning का उपयोग किया जा सकता है:

- यदि आप सॉफ्टवेयर प्रोग्रामिंग सीखना शुरू करना चाहते हैं, तो आप Python Programming Tutorial by Corey Schafer पर जा सकते हैं।

- यदि आप मशीन लर्निंग के बारे में अपनी समझ को गहरा करना चाहते हैं, तो आप An Introduction to Statistical Learning: with Applications in R by Gareth James, Daniela Witten, Trevor Hastie, and Robert Tibshirani पर जा सकते हैं।

- यदि आप आर्टिफिशियल इंटेलिजेंस के बारे में अपने ज्ञान को अपडेट करना चाहते हैं, तो आप AI Now 2023: The Annual Report on Artificial Intelligence and Society by AI Now Institute पर जा सकते हैं।

- यदि आप डेटा विजुअलाइज़ेशन पर अपने कौशल को विकसित करना चाहते हैं, तो आप Data Visualization: A Practical Introduction by Kieran Healy पर जा सकते हैं।

www.ingramcontent.com/pod-product-compliance
Lightning Source LLC
LaVergne TN
LVHW052002060526
838201LV00059B/3789